シリーズ「遺跡を学ぶ」107

# 琵琶湖に眠る縄文文化
## 粟津湖底遺跡

瀬口眞司

新泉社

# 琵琶湖に眠る縄文文化
## ―粟津湖底遺跡―

瀬口眞司

【目次】

編集委員
勅使河原彰（代表）
小野　昭
小野正敏
石川日出志
小澤　毅
佐々木憲一

装　幀　新谷雅宣
本文図版　松澤利絵

# 第1章　琵琶湖の湖底を掘る

## 1　縄文人のタイムカプセル

### 湖底に眠る縄文時代の貝塚

タイムカプセル——それは時代を記録する品々を収める密封容器のこと。本書で扱う粟津《あわづ》湖底遺跡（図1）は、縄文人が残してくれた至高のタイムカプセルである。

この遺跡の最大の特徴は、琵琶湖の底に残されていた「低湿地の貝塚」という点にある。このカプセルを開封したとき、縄文人の暮らしがみずみずしい姿であらわれた。本書は、その調査にまつわる物語である。

日本列島で発掘調査に従事する多くの調査員には大きな悩みがある。日本の土壌は酸性だ。だから、土器や石器といった無機質の資料は数千年の時を越えて遺跡に残るが、植物や動物に由来する有機質の資料は非常に残りにくい。有機質の資料には、衣服や建築材、あるいは日々

**図１ ● 琵琶湖と粟津湖底遺跡の位置**（下の写真は南上空から）
写真右下の白丸が粟津湖底遺跡の位置。琵琶湖は近江だけでなく京阪神の水瓶で、
その機能を充実させる開発により、粟津湖底遺跡が発掘されることになった。

の食料残滓《ざんし》などが含まれる。これらは過去の暮らしを復元するのに欠かせないパーツなのに土壌のなかで失われてしまうのが実情なのだ。

しかし、救いの手はある。たとえば、縄文時代の貝塚は、縄文人の食料残滓が堆積したゴミの山だ。これは調査員たちにとって貴重な「宝箱」。大量に堆積した貝殻からしみ出たカルシウムのおかげで、動物や魚の骨・歯・角などが良い状態で遺存しているからだ。調査員たちは、この「宝箱」ともいえる貝塚をていねいに発掘し、その資料（動物遺存体という）をもとに過去の暮らしを少しずつ復元してきた。

ただ、残念なこともある。貝塚のカルシウムは、植物質の資料（植物遺存体という）を残すことはできない。だから、貝塚をどんなに懸命に調査しても、それだけではやっぱりまだ不十分なのだ。

もう一つの救いの手がある。それが低湿地遺跡である。低湿地には豊富な水があって、この水が遺物を酸素から遮断し、酸化を防いでくれる。いわば水が真空パックの状態をつくり出し、植物質の残滓の鮮度を保ってくれる。だから、低湿地の遺跡は第二の「宝箱」である。

このように考古学は二つの「宝箱」をもっている。しかし、そこにはまだ問題が残る。貝塚と低湿地の遺跡は、基本的に別々に残されている。同じ人びとが、貝塚と低湿地遺跡を同時に残してくれていたら、その二つの「宝箱」から、暮らしを総合的に復元することができる。けれども、そんな遺跡は福井県の鳥浜《とりはま》貝塚をのぞいて皆無に等しかった。

そのような状況のなか、新たな遺跡が発見された。一九九〇年、どうしても避けられない開発工事の事前措置として、琵琶湖の底で大規模な発掘調査が実施された。その過程で開封された粟津湖底遺跡は、まさに二つの「宝箱」をあわせもっていたのである。

## なぜ湖底に遺跡があるのか

なぜ琵琶湖の水底に遺跡があるのか。琵琶湖とその周辺には、一二〇カ所以上の湖底・湖岸遺跡が確認されている（図２）。

その種類は多様で、集落跡のほかに、埋葬地や祭祀跡、港湾施設跡、水田などが知られている。問題はこれらの成因だ。現在想定されている説には、①地震による集落の陥没や地滑り説、②瀬田川の河床隆起による水没説、③自然沈降説などがある。

このうち、①の説は多くの伝承から想定されてきた。たとえば、滋賀県の東北部に位置する米原《まいばら》市朝妻筑摩《あさづまちくま》には、尚江千軒《なおえせんげん》とよばれた集落が地震で水没したと伝えられる。渇水で湖の水位が下がると、干上がった湖底で石組みなどが確認できるので、①は実際にありそうだ。

②の説は、琵琶湖の構造と深く関わっている。琵琶湖には多くの河川が流入するが、排出していく河川は瀬田川だけである。この瀬田川の河床が地殻変動などで隆起したり、土砂が堆積してしまったりすると、堰き止められた形となって水位が上がり、多くの遺跡が水没する。

③の説は、瀬田川河床とは関係なく、湖岸が沈降したために遺跡が水没したとする説だ。

粟津湖底遺跡が水没した理由は、まだ確定していない。地質学や地形学などの分野との学際的な共同研究が今後も望まれるが、現在のところは①〜③の説のいずれかか、もしくはそれら

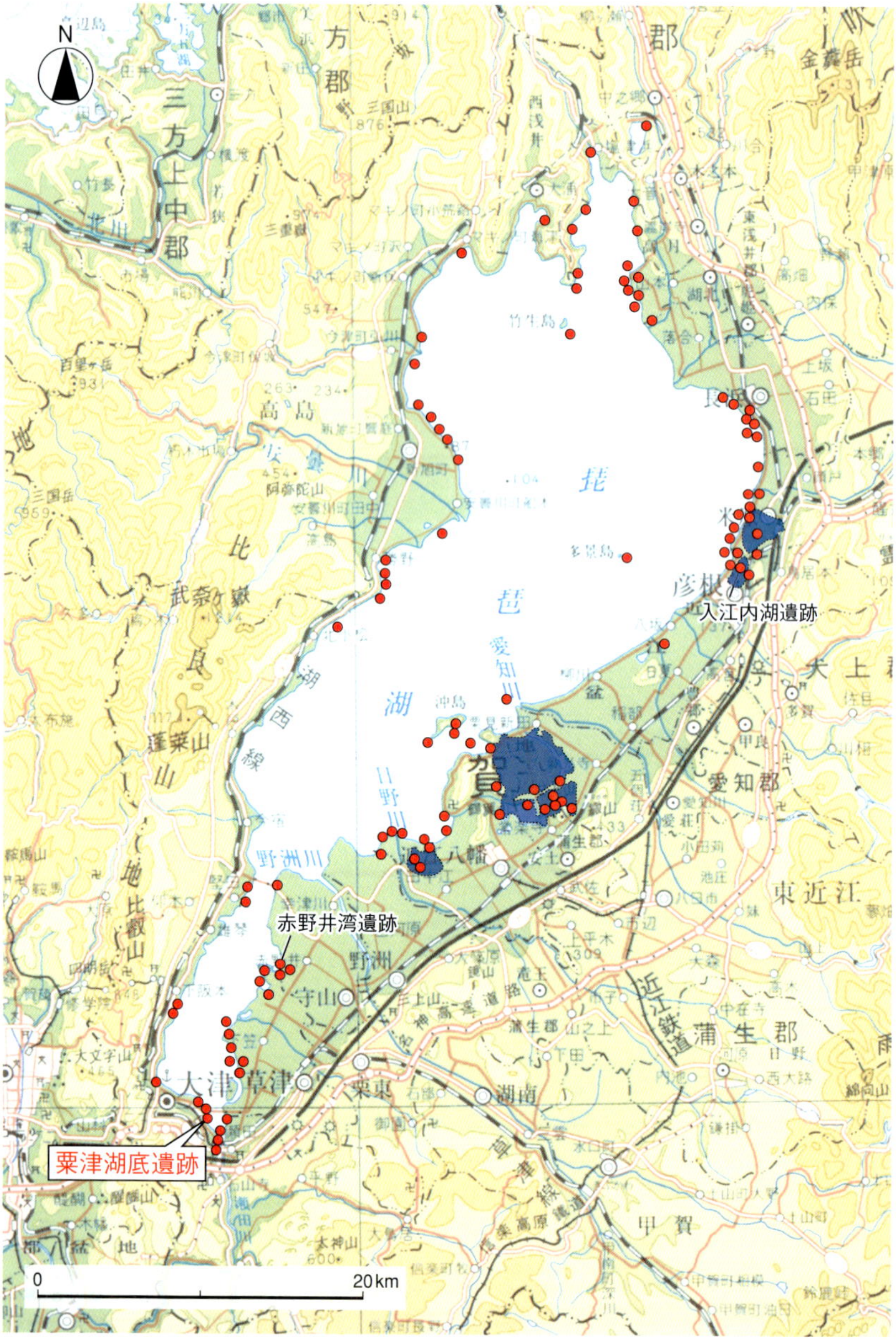


**図2 ● 琵琶湖の湖底・湖岸遺跡の分布**
琵琶湖には約120カ所の湖底・湖岸遺跡がある（青い部分は内湖とよばれる湖沼地とその干拓地）。1970年代以降の悉皆的調査でベールに包まれていた全貌が明らかになってきた。

の複合した原因が考えられている。

## 2　湖底の探索はじまる

### 粟津湖底遺跡の発見

粟津湖底遺跡は、滋賀県大津市晴嵐《せいらん》沖の琵琶湖底にある。遺跡全体は東西三七〇メートル、南北四〇〇メートルの範囲に広がっており、淡水産の貝塚としては日本最大級の規模を誇る（図3）。現在の琵琶湖の平均水位は標高八四・三七一メートルだが、遺跡はその二〜三メートル下の水底に水没している。

ここは琵琶湖の南端に位置する。琵琶湖で唯一の排出河川である瀬田川へ移行する地点である。琵琶湖の水のすべてが集まり、ここから大阪湾にむかって南流していくその起点といってよい。遺跡の東西には丘陵がせまり、緑が陽に映える。

この湖底遺跡の存在がはじめて確認されたのは一九五二年のことである。確認したのは京都大学で歴史地理学の教鞭を執っていた藤岡謙二郎さん。藤岡さんは、地元の砂利採取業者や漁師らが湖底から獣骨や貝殻を引き上げたことを聞き、それらを採取した水域を踏査して湖底に遺跡があることを確認した。かつてよばれていた周辺の地名をとって「粟津」の名が冠された。

当時の湖水は透明度が高かった。だから藤岡さんは、船上から貝殻の分布範囲も確認できたらしい。また、ボーリング調査で湖底の地形と地層の状況を把握し、素潜りによって遺物の採取もおこなっている。藤岡さんはこの調査結果をその著書『先史地域及び都市域の研究』（柳原書店、一九五五年）に発表し、採取した土器を検討して、遺跡が縄文時代中期前半には形成されていたことを指摘した。これは、日本における水中調査の嚆矢の一つとして評価されている。

## 琵琶湖の開発はじまる

藤岡さんが調査成果を報告した後、遺跡周辺では次第に都市化が進み、湖岸の埋め立てと湖底の浚渫《しゅんせつ》が進んだ。さらに一九七二年には開発を加速させる事態が生じた。「琵琶湖総合開発特別措置法」の策定である。

あまり知られていないが、琵琶湖は京都・大阪地域で使用する水の一大供給源

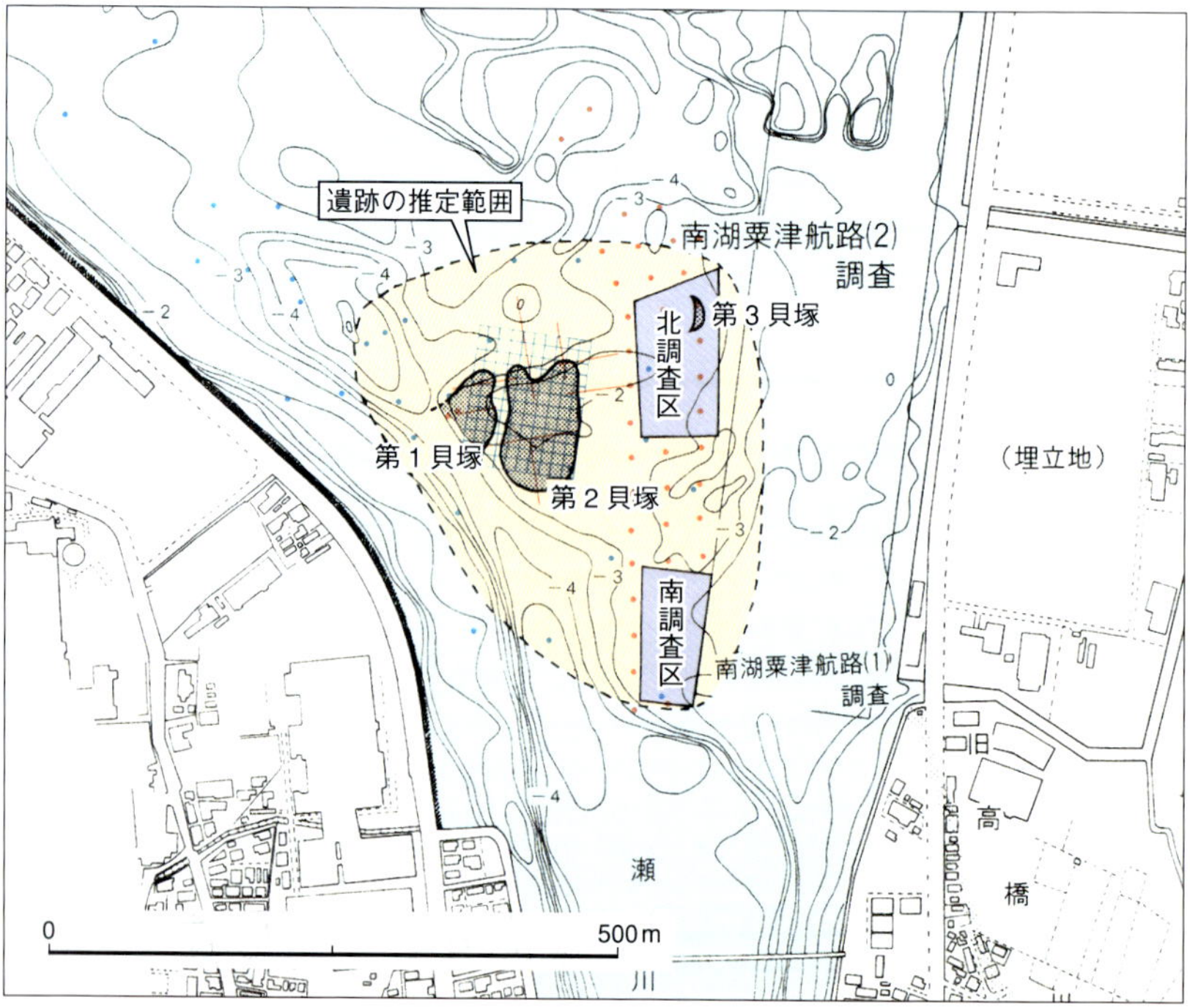


**図3 ● 粟津湖底遺跡の位置**
琵琶湖の南端、瀬田川との境に位置する。第1貝塚と第2貝塚を合わせた大きさは、淡水産の貝塚としては世界有数の規模だといわれている。

である。高度経済成長期以降、近畿地方でも水の需要が飛躍的に増大した。この変化に対応するために特別措置法が制定され、琵琶湖の放流量の拡大計画が立案されたのである。結果として、湖の水位は最大一・五メートルまで下がるので、それにともなって取水施設や航路の浚渫などさまざまな開発工事が琵琶湖の湖底遺跡・湖岸遺跡にもおよぶ事態が生じたのだ。

このとき、湖底遺跡の調査に再び挑んだのは田辺昭三さんである。当時、文化庁は「遺跡確認法の調査研究」事業を立ち上げていた。これを財団法人京都市埋蔵文化財研究所が受託し、事業の二年目にあたる一九八〇年に水中遺跡を対象とした事業を開始したのである。田辺さんはその調査団長として水中調査法の研究・開発に挑んだ。そして、スキューバやエアリフトといった近代的な機器を駆使する調査方法を編み出し、遺跡確認法を研究するフィールドとして粟津湖底遺跡を選定したのである。

この調査で田辺さんたちは、粟津湖底遺跡に二七カ所の試掘坑を設けた。結果、貝層の分布範囲が東西四九メートル以上、南北九五メートル以上に広がること、縄文時代中期前半でなく、前期前葉以降に形成されはじめることを確認した。また、貝塚にともなうかどうかは不明だが、ドングリやクルミなども回収し、遺跡の基本的性格の解明に成功している。

## ボンベを背負った調査員

田辺さんたちが開発した画期的な調査方法は、その後、滋賀県教育委員会と財団法人滋賀県文化財保護協会（以下、保護協会）に継承され、粟津湖底遺跡だけでなく県内各地の湖底遺跡の調査で活用されていった。ここで、その一端を紹介しよう。

一般に発掘調査は、大きく分けて三つのステップで進む。第一のステップは、遺物の表面採集だ。長い歴史の積み重ねのなかで地表面に掘り起こされてしまった遺物などを手がかりに、まず遺跡の存在が推測される。つぎに第二のステップとして試掘・確認調査へ進み、遺跡の概要が把握される。そして第三のステップとして、必要に応じて本格的な発掘調査へと駒が進められる。

水中にある湖底遺跡の場合、水の存在が大きな制約となる。とくに第二のステップ以降はきわめて困難だ。田辺さんたちが開発に尽力したのは、この第二のステップの調査法だといってよい。

この段階の調査には、ボンベを背負った調査員が登場する。彼らは、水中作業の専門家であ

**図4 ● 湖底での事前の潜水調査**
調査員とペアを組んだダイバーがジェットリフトで湖底の堆積物を吸い上げている。

るダイバーとペアで作業台船に乗り込み、調査地点付近に船を停泊させる。

最初に潜水するのはダイバーである。湖底に潜ったダイバーは、調査員の指示を受けて調査地点の湖底を掘削する。そこで活躍するのはジェットカッターだ。これで水流を起こして土砂を掘削する。この土砂のなかには大事な資料も含まれている。そこで空気浮力を利用したエアリフトや高水流を利用したジェットリフトで水・土砂・資料を丸ごと吸い上げ、遺物を湖上に浮かぶ船上へ送り届ける（図４）。ハイテク機器の総動員だ。

船上で待ち受ける調査員たちは、その土砂を濾《こ》しとり、そこに含まれる遺物を回収し、遺跡の内容を吟味する。そして、いよいよ調査員自身の登場だ。彼らもボンベを背負って潜水し、湖底の土砂の堆積状況や様相を観察していく。

## 調査員が味わった「浮き沈み」

潜水する調査員は保護協会の職員から選抜されたが、思い出話として、なかなか酷な話も残っている。候補にあがった調査員のなかには泳げない者もいた。「私は泳げない！」と主張したものの、「泳ぐのと沈むのは違う！」と一蹴され、しぶしぶ担当になったと回顧している。

調査にともなう潜水作業は、レジャーダイビングとは異なり、「潜水士」という国家資格が必要なので、候補者は潜水病防止のための気圧計算などを必死で覚え、目を白黒させながら試験合格をめざしたという。

無事、資格を取得してからも苦労はつきまとった。着用するダイビングスーツはとても浮きやすいので、湖底にとどまるために重りを体に巻いて沈む必要があった。しかし、レジャーダイビングとちがって足ひれをつけていないので、調査員は自分の遊泳力だけで浮上しなければならない。だから、作業が終わって湖上の台船に戻るときが一番必死になったようである。重りのせいでなかなか浮上できない。船上からエアホースを引っ張り上げてもらい、やっとの思いで帰還することもたびたびあったという。

調査員たちは突然のアクシデントにもしばしば襲われている。船上からエアホースを通じて呼吸に必要な空気を供給してもらうのだが、作業中に突然停止し、パニックになりかけたこともあったという。また、体に巻き付けた重りを外した途端に、穴の開いた風船のように水面へ猛スピードで浮き上がる恐怖も味わったらしい。

以上は先輩調査員たちからの聞き書きだが、過酷な体験をユーモラスに語る姿に、彼らの誇りを私は感じている。

## 3 湖底を陸地化して本格的調査

### 湖底に押し寄せる開発

さて、粟津湖底遺跡の事前の潜水調査では、遺物を含む堆積層は東西二四〇メートル、南北三二〇メートルの広大な範囲に広がることが判明した。また、この範囲の西寄りの湖底には深みがあること、その両側にまたがるかたちで遺物が分布すること、この深みの底付近や西側でも貝塚と推定できる堆積層があることなども判明した。つまり、粟津湖底遺跡には大きな貝塚が一つあるだけでなく、その周辺のあちこちに小貝塚が散在していることがわかってきたのである。

一九八七年には、調整困難な事態も発覚した。琵琶湖総合開発事業では琵琶湖の水位が大きく低下する。結果として、船の航行に十分な航路を新たに整備する必要が生じていた。粟津湖底遺跡の周辺でもその工事が必要となり、航路の拡幅と浚渫が計画されることになった。

水資源開発公団と滋賀県教育委員会は、粟津湖底遺跡が全国的にみて貴重な淡水貝塚であることを考慮し、遺跡の保存も念頭に置きながら協議を進めた。そして、浚渫工事が遺跡におよぼす影響をまず確定させるために、事前の予備的調査をすることになった。

その結果、四次にわたる潜水試掘調査が実施され、水面下約二メートルの遺跡の中心に、東西に並ぶ二つの大きな貝塚があることが明らかとなり、西側を「第一貝塚」、東側を「第二貝塚」と呼称することになった（**図3参照**）。このうち、第一貝塚は縄文時代早期から前期にかけて形成されたもので、規模は東西三〇メートル以上、南北七〇メートル以上になること、第二貝塚は縄文時代前期から中期にかけて形成されたもので、東西七〇メートル以上、南北は一一〇メートルにおよぶことも判明した。

さらに、一九八二年に確認された範囲よりも東と南に遺跡は広がり、湖の西岸から東岸まで、ほぼ途切れなく何らかの痕跡が存在することも判明した。つまり、どこに航路を通しても、なんらかの遺構を壊すことになる。水資源開発公団と滋賀県教育委員会は苦悩した。協議の結果、遺跡破壊のリスクをなるべく減らすために、水資源開発公団は工事範囲をさらに東に寄せて最終的な航路計画を決定した。ここにはじめて粟津湖底遺跡の本格的な発掘調査を実施することになったのである。

## 二重の鋼矢板

さて、第三ステップの本格的な発掘調査は、潜水調査ではおこなえない。湖底遺跡の水底を陸上と同じ条件にする必要がある。そのため、まずは調査対象地の四辺に鋼矢板《こうやいた》の列を打ち込む。湖中に鉄の壁をめぐらすのである。つぎに、その壁のなかに大型ポンプをいくつも設置し、調査が終わるまでの全期間、二四時間運転させつづけ、湖水を強制排除して水底を陸地に変えるのである。

このように鋼矢板の壁をめぐらせて、本格的な発掘調査ができるようになるのだが、粟津湖底遺跡のような沖合にある水深の深い調査地では、水圧に負け、鋼矢板の間から勢いよく湖水が吹き漏れてくる。そこで、安全のために鋼矢板を二重にめぐらせ、外壁と内壁の間に幅五メートルほどの空間を設けてアームを張りめぐらし、その空間に土砂を充填して城壁のような分厚い壁をつくり出す必要があった。

こうして南北二カ所に堅牢な壁を設け、南調査区約五九〇〇平方メートルと北調査区約八九〇〇平方メートルの調査がはじまった（図5）。ここから本書は、この北調査区の成果について述べていくことになる。

図５●湖中にあらわれた発掘調査地（北上空から）
1990・91年度に設けられた発掘調査地点。二重の鋼矢板の「城壁」でかこわれている。手前が北調査区で、そのなかの左下に、白く三日月形にみえる遺構が第３貝塚。同様な遺構がほかにも湖底に眠っている可能性がある。

# 第2章　掘り出されたタイムカプセル

## 1　突然あらわれた第三の貝塚

### 全国紙を賑わした大発見

一九九〇年七月、粟津湖底遺跡の地に鋼矢板の壁が完成した。鋼矢板に守られて陸地と化した湖底に掘削重機が搬入され、通常の調査と同様に地表をていねいに掘り下げていった。夏がすぎ、秋風が吹きはじめた一〇月半ば、現場に衝撃が走った。――リスク回避の苦労の甲斐なく、航路予定箇所の北調査区内の北東部から、第三の貝塚が出現したのである（図6）。

この貝塚は、発見順番を踏まえて「第三貝塚」と呼ばれることになった。その規模は南北三五メートル、東西一五メートルである。出土遺物からみて縄文時代中期前半の遺構で、貝層だけではなく植物遺体層をともなうことなども判明した。

この発見は一二月一八日に記者発表され、全国の新聞で大きな写真とともに記事が掲載された。ポイントは、関西地方では稀な貝塚の発見であること、貝塚と低湿地をあわせもつ至高のタイムカプセルであることなどだ。ほぼ時を同じくして、この遺構の学術的な重要性があらためて認識され、発掘調査指導委員会が組織されることになった。第一回の委員会が翌年の二月に開催され、以降、月一回のペースで調査の報告と指導の機会が設けられていった。

このような盛り上がりをみせる一方で、第三貝塚の出現は大きな問題も引き起こしていた。調査期間の期限である。当初の完了期限は一九九一年三月末だった。しかし、前年一〇月に第三貝塚が

**図6 • 発見された第3貝塚**（南上空から）
貝層と植物層、砂層などが交互に堆積しているため、
縞状の模様のようにみえる。

あらわれたことで、その期限に間に合わないことは明白だった。

滋賀県教育委員会は、やむなく期間延長を申し入れた。しかし、水資源開発公団側にも事情があった。一九七二年にはじまった琵琶湖開発事業は、二〇年後の一九九二年三月に全体計画を終了させることが定まっていた。第三貝塚は、その全体計画のまさに最終盤で発見されたわけだ。調査期間を延長させようにも、その余地はきわめて少なかった。双方の担当者は必死で活路を模索した。全体計画の完了期限から逆算し、ギリギリの調査完了日を一九九一年七月末と定め、そこまで調査期間を延長することで合意した。

このような緊迫した調整が進むなか、全国から応援要員が現地に駆けつけていた。調査指導委員会の先生方が全国の大学へ声をかけ、貝塚調査の経験がある考古学専攻の大学生・大学院生を呼び寄せてくれたのである。七本の細長いトレンチが第三貝塚に設けられ、湖面を渡り来る寒風が吹きすさぶなか、黙々と作業が進められていった（図7）。

## アルバイトが変えた人生

緊迫した調整協議と懸命な現地調査が進められていたころ、私はまだ大学四年生で奈良にいた。このころの私は縄文研究にまったく興味がなく、それどころか少し苦手だった。粟津湖底遺跡の話も、先輩や同級生から遠い国の話のように聞く程度だった。

当時の私は、中世墓地を対象とした卒業論文を執筆中で、墓地の構造から西日本の村落構造を読み解こうとしていた。埼玉県出身なので、卒業後、実家に帰ればきっと母たちも喜んでくれただろうが、縄文遺跡の多い関東地方を避けて、卒論で研究しかけていた関西地方で作業を継続したい気持ちが強かった。

幸いにも、滋賀県文化財保護協会の採用試験に補欠で採用されたので、母への後ろめたさを抱えながら卒業し、一九九一年の三月に滋賀へと住まいを移した。それから正式に採用されるまでの数週間、すでに保護協会に就職していた大学の先輩の誘いもあって、第三貝塚の調査にアルバイトとして携わることにした。

この短いアルバイトほど私の人生を大きく転換させたものはなかったかもしれない。年度があけた一九九一年四月になると、保護協会は七人の新人調査員を正式に迎え入れ、研修もそこそこに県内各地の調査現場へ派遣したが、七人のなかで唯一、粟津湖底遺跡の調査にアルバイトで参加していたという理由で、私は第三貝塚の調査チームに放り込まれた。

このチームの重要な任務は、七月末までに調査を

**図７●寒風吹きすさぶなかの試掘調査**

琵琶湖の水面を渡ってきた冬の風は身を切るように冷たい。全国から応援にきた学生が一人、寒さに耐えながら試掘トレンチを慎重に掘り進む。

終わらせることにあった。そのために調査担当は二名体制から四名体制に増員されていた。その四人目の調査員として、私は粟津湖底遺跡に携わることになったのである。縄文遺跡が多い生まれ故郷の関東をわざわざ避け、関西に残った私としては、正直なところ、複雑な思いのなかで社会人としての門出を迎えることになった。

## 2　貝塚の堆積物すべてを回収せよ！

### 火蓋を切った時間との戦い

年度が明け、新たな体制のもとで発掘調査が再開された。四名に増員された調査員のうち、トップは四〇代のベテラン調査員、三〇代が一名、二〇代が二名の構成となった。私はその末席に名を連ねていた。この四人に課せられた第一の任務は、七月末までにすべての調査を終えること、第二の任務は、その期限までにすべての堆積物を陸上にもち帰ることだった。

このうち、第二の任務は発掘調査指導委員会の指導にもとづくものだ。この委員会は、京都大学教授の小野山節《せつ》さんを委員長とするもので、大阪市立自然史博物館館長の那須孝悌《たかよし》さん、奈良国立文化財研究所の松井章さん、国立歴史民俗博物館の西本豊弘さん・辻誠一郎さん、流通科学大学の南木睦彦さんなど、動物考古学や植生史学、第四紀学などの世界で活躍する最先端の研究者で構成されていた。

この委員会からの提言により、第三貝塚の堆積物をすべて回収し、そのころ建設中だった滋賀県立安土城考古博物館にもち込んで、洗浄・分類・選別し、記録化することが計画された。

このように貝塚の堆積物のすべてを回収してもち帰ることは、すでに千葉県市原市の西広《さいひろ》貝塚での実例はあるが、全国的には稀だった。通常は、定性的・定量的に必要最低限のサンプリングをして分析する方法が採用されている。しかし、関西地方で貝塚が検出されること自体が稀少なケースであることに加え、動物遺存体と植物遺存体が共存している重要性を鑑み、発掘調査指導委員会は全堆積物の回収・記録化を提案したのである。

これは調査員にとって大きな負担だった。通常なら、サンプリング後は、遺物の出土に気をつけながら掘削を進め、堆積物の大半は排土置き場にもっていくだけでよい。しかし、全堆積物の回収となると、残りの堆積物もいちいち土嚢《どのう》袋に詰め込み、回収地点や層位などを明記したカードを封入してから、鋼矢板の上まで運び上げなければならない。いわば、すべての堆積物

**図8 ● 第3貝塚の分層状況**
貝塚の一部を斜め横から撮影したもの。残り時間が限られるなか、遺跡のもつ意味の重さと膨大な作業量にしばしば茫然としかけていた。

が遺物扱いとなる。残り四カ月でその作業を完遂するのは骨が折れる話だった。

　とはいえ、いま思えば、この提案は適切だった。後に詳述するが、土嚢袋からとり出した堆積物をていねいに水洗洗浄していくと、現地で掘り漏らしていた小さな遺物がたくさん回収されていく。やはり現地の発掘ですべての貴重な資料を回収するのは不可能だったのだ。

## 若気のいたり

それより辛かったのは第一の任務だ。単純な比較はできないが、前年の一〇月半ばに貝塚を検出してから五カ月間で終了していたのは、七本の細い試掘トレンチだけである。七月までの残り四カ月で貝塚全体を掘りきれるとはとても思えなかった。

　ここまで調査に協力してくれてきた学生たちは、粟津湖底遺跡がもつ歴史的な意義を十分に理解し、緻密な調査に力を貸してくれていた。しかし、このペースではとても期限までには終わらない。状況に応じてメリハリをつけるべき段階だった。そのギアを入れ替えようとした時、当然のように軋轢が生じた。ほぼ同世代の学生たちは緻密な調査を続けるべきだと言った。その学問上の真っ当な言い分は、期限までに何とか調査を完了させねばならない立場になった自分へ刃のように突き刺さった。

　苛立ちが互いに積もるなかで、とうとう取っ組み合い寸前になった。二十数年たったいまから思えば、もっとましな相談の仕方もあったはず。この喧嘩は苦い思い出になっている。幸いなことに、大喧嘩をしたその人物とはいまでも深く親交している。駆け出しのころに、遠慮なく想いをぶつけ合った日々は財産だ。困ったことがあればいつでも相談できる大事な友人を、粟津湖底遺跡は育んでくれたことになる。

それはともかく、調査は難航をきわめた。時間に追われながら毎日懸命に調査しているのに、なかなか先がみえてこない。一日が終わるたびに、夕陽にむかって膝から倒れ込み、悔しさにむせぶ日々が続いた。

堆積層のすべてを回収し、貝塚形成前の旧地形を測量し終えたのは、期限を少しすぎた八月上旬だった。二万数千個目の土嚢袋を運搬船に乗せ、社会人としてはじめてむきあった調査地に別れを告げた。

## 3　土器・石器・骨角器

### 貝塚を構成していたもの

第三貝塚には数百層を数える層が堆積していた。これらは大きくみて四つの種類に分けることができる。「純貝層」「純植物層」「砂層」そして貝と砂が混じった「混砂貝層」（もしくは混貝砂層）である。

純貝層は、ほぼ純粋に貝だけが乱雑に堆積している層である（図9）。縄文人は貝を採った後、土器で湯を沸かし、湯がいて剝き身にしていた。剝き身をとり出した後の貝殻をまとめて廃棄すると純貝層が形成される。純植物層は、植物遺存体が密集して堆積している層である

（図10）。この層には大量の木の実の皮や殻が含まれていた。ただし、未熟果・イガ・殻斗《かくと》などはほとんど出土しない。大半が食べられる大きさまで熟したものである。これらの木の実の皮や殻は縄文人がよそから拾い集め、なかのデンプンをとり出し、処理した後の残滓だ。

一方で、砂層や混砂貝層（混貝砂層）は、水や風の力で再堆積したものだと判断された。後世に削平されてしまったが、第三貝塚の西側には微高地があり、第三貝塚にむかって緩やかに下がっていたと考えられている。雨が降ると、斜面の砂を巻き込みながら低い方へ水が流れ、貝塚の純貝層や純植物層を削りながら堆積した。また、いまでも季節によっては西から強風が吹くが、このような風が地表の細かい砂を第三貝塚まで運んできたことも考えられる。

このように第三貝塚は、縄文人の食料残滓の層と、それらが雨水などによって削られて再堆積した層が重なり合って形成されていた。

**図9 ● 純貝層を掘る**
縄文人がまとめて廃棄した貝の層。調査期限までの終了をめざし、調査員と作業員が慎重かつ大胆に掘っていく。

## 埋もれていた土器と石器

現地の発掘調査では、作業員さんたちがたくさんの遺物を掘り出してくれた。また、博物館に持ち帰った二万数千の土嚢袋からも多くの遺物を回収した。縄文人が残した食料残滓については章をあらためて述べることとし、本章では、それ以外の遺物を紹介しよう。

出土した土器は、縄文時代中期前葉（約五〇〇〇〜四五〇〇年前）のものである。文様やつくり方などから、三つのグループに分けられる。第一のグループは「船元《ふなもと》Ⅰ式」とよばれるもので、関西地方から瀬戸内地方にかけて流行していた土器である。第二のグループは「北裏《きたうら》C式」とよばれるもので、東海地方で製作されていた土器である。第三のグループは「新保《しんぽ》式」とよばれるもので、北陸地方で製作されていた土器である（**図11**）。

三つのグループの数量比は、船元Ⅰ式が七割、北裏C式が二割、新保式が一割程度となる。この比率

**図10 ● 純植物層を掘る**
黒い粒々が縄文人が廃棄した植物遺存体である。このなかにトチノキやイチイガシ、ヒシの種実などが大量に含まれている。

の意味についてはまだまだ検討が必要だが、粟津湖底遺跡が関西地方だけでなく、東海地方や北陸地方との関係のなかで息づいていたことを示唆しているとみてよいだろう。

石器は、石鏃《せきぞく》や槍先のような尖頭器《せんとうき》、肉や皮などを切るための石匙《いしさじ》・スクレイパーとよばれるもの、皮などに穴を開ける石錐《いしきり》などが出土している。また漁網の錘である可能性が高い石錘《せきすい》、木の実や肉などを叩き、すりつぶすための磨石《すりいし》・敲石《たたきいし》、その台となる石皿《いしざら》・台《だい》石《いし》が出土している。縄文時代にみられる石の道具立てとしては、バランスよく一通りのものがそろっているといってよく、第三貝塚でさまざまな営みが片寄りなくおこなわれていたことを示唆している。

## 骨と角で工夫する

貝塚という宝箱からは、骨や角でつくった

**図11 ● 第3貝塚から出土した土器**
左上は船元Ｉ式で、関西地方の土器。右上が北裏Ｃ式で、東海地方の土器。左下が新保式で、北陸地方の土器。デザインや文様・技法が異なるだけでなく、型式ごとに土の質も異なる。いずれもそれぞれの産地の特徴をよく示している。

道具も出土する。たとえば、第三貝塚からはシカの腕の骨でつくったヤスが六本出土した。これは、木の柄の先に装着して魚を突く道具だ。もっとも残りがよいものは、長さ八センチ、幅一センチである。

私が一番気に入っているのは、「鹿角斧《ろっかくふ》」とよばれている製品だ（図12）。これは鹿角の幹となる部分と頭に一番近い枝の部分を利用したもので、幹の部分を持ち手とし、枝の先端を尖らせている。長さは二五センチで、片手でふりまわすのにちょうどよい。持ち手の部分は一〇センチにわたって著しく擦れている。この部分を素直に握ると、私の手にもぴったりフィットすることが実感できる。

調査員として感動するのはこんな時だ。縄文人が使っていた道具が自らの手にもぴったりと吸い付くようにおさまる。なんだか縄文人と通じあえたような気がして、とてもうれしくなる。

ちなみに「鹿角斧」という名称は、用途としては適切ではない。斧といっても木を伐る道具ではない。土を掘るための手鍬《てぐわ》のようなものだ。枝の先には、光沢と擦れた痕が鮮明に残っており、それは土を掘ったときにできる使用の痕跡である。

図12●第3貝塚から出土した骨角器
鹿の角でつくられた土掘り具。左側の幹の部分を握るとジャストフィットする。野蒜（のびる）の球根などを採集するのに使ったのかもしれない（長さ25cm）。

## 4　多彩な装飾品

### 骨や角でできた装飾品

骨や角でつくったものとしては、装飾品も多彩なものが出土している。興味深い資料は、大・小二つのおそろいのアクセサリーだ（図13①②）。これは上端を〈キ〉の字状に加工し、下端を細く尖らせた製品である。髪の毛をまとめる笄《こうがい》や、同じく髪を飾り立てるためのかんざしの類だと推察している。長いものは一八センチ、短いものは七センチほどである。この二つの飾りの部分の形状はそっくりで、縄文人の親子が使っていたものかもしれない。

内陸の遺跡ではめずらしいものとして、海の貝でつくった腕輪が出土している（図13③）。残念ながら破片だが、イタボガキとよばれる貝を擦り切り、磨いてつくったものである。カキの貝殻に特有な鈍い光沢が彼らにとっても魅力的だったのかもしれない。

### 植物質素材で装う

植物質素材のアクセサリーも出土している。その代表は櫛《くし》だ。私たちが使う櫛の多くは短い櫛歯がつく横長のものだが、出土した櫛は長い櫛歯がつくタイプで、「竪櫛《たてぐし》」とよばれる。四点出土したが、どれも見事な赤漆が塗られていた（図13④）。

残念ながら、一番残りの良いものでも櫛歯の部分がすべて抜けてしまっていて、本来の大きさはよくわからない。それでも全体のバランスから推察すると、櫛歯も含めた長さは一〇〜

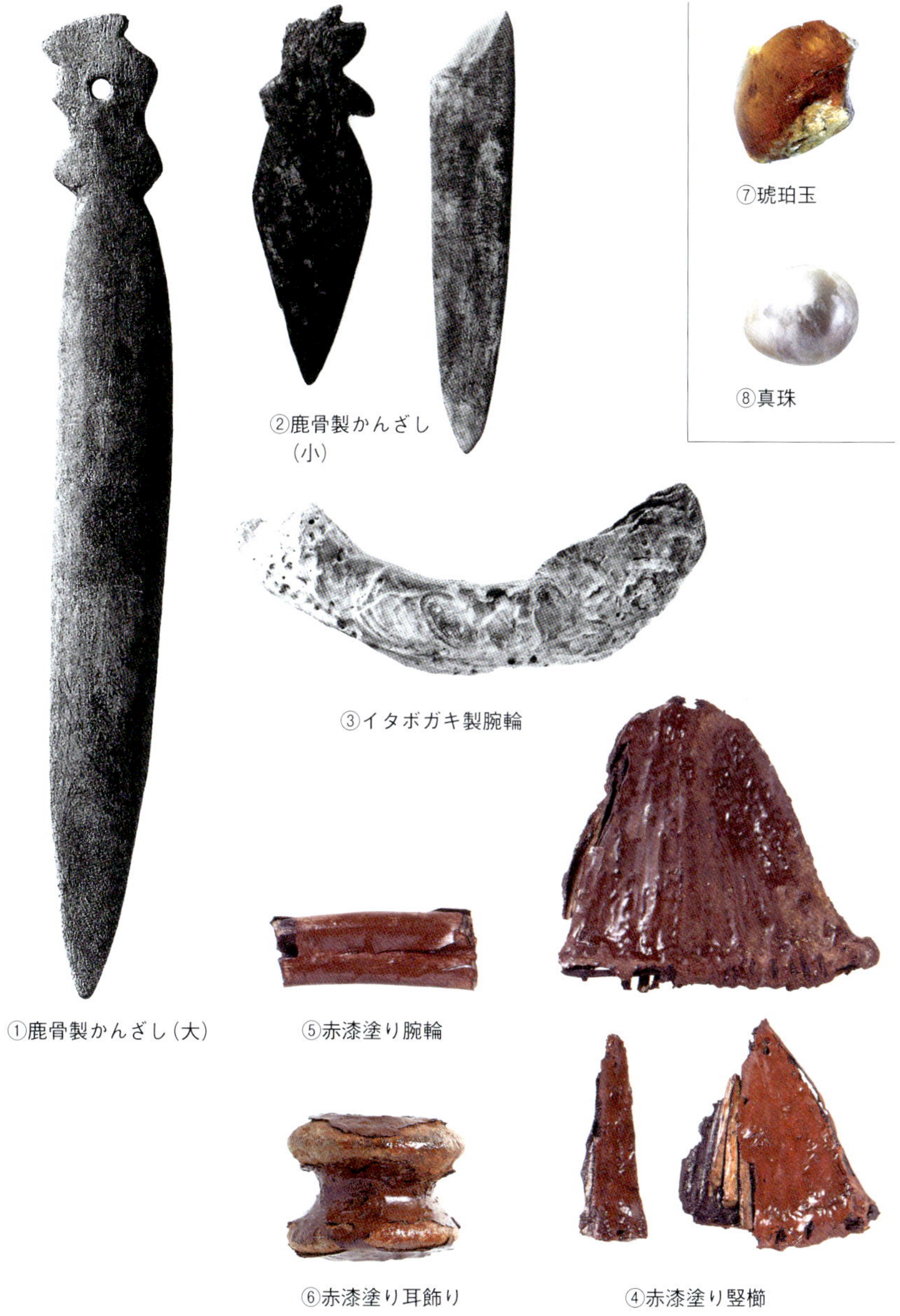


**図13 ● 第3貝塚から出土したアクセサリー類**
②のかんざし上端は破損しているが、①と同様な形態に復元できる。これらのアクセサリーを髪や耳、胸元や手首にあしらい、着飾っていた姿が想像される。

一四センチ程度になると考えられる。

顕微鏡やレントゲン写真で内部の構造もくわしく観察すると、この櫛は長さ一〇~一四センチほどの植物質のヒゴをそろえ、上端から約五センチの範囲を紐で結束していること、この結束部分を頭部とし、残りを櫛歯としていたこと、頭部には黒色の塑形材《そけいざい》を盛り付けて固定していたこと、その上から全体に赤漆を塗っていたことなどが判明している。

このように櫛歯を結束して固定するタイプを結歯式《けっぱ》というが、同様な竪櫛は、神奈川県の羽《は》根尾《ねお》貝塚や山形県の押出《おんだし》遺跡(いずれも縄文時代前期)などについで古いもので、西日本では最古のものと評価された。なお、漆を塗っていない竪櫛としては、縄文早期後半のものが佐賀県の東名《ひがしみょう》遺跡から出土している。

漆製品はこれだけではない。腕輪の一部も出土している(図13⑤)。これは木質を芯にして、その上から赤漆を塗布したものだ。残念ながら、さすがに木質の芯は腐朽し、空洞になってしまっているけれど、外側の漆の皮膜は見事に残っている。

また、土でつくった耳飾りに赤漆を塗った製品もみつかっている(図13⑥)。最大直径は約三センチ、高さは二センチ程度のものである。縄文時代の土偶の両耳にも同じような製品が表現されているので、今回出土したような製品は耳飾りだと考えられている。世界では、もっと大きなピアスを装着する民族もいるが、ともあれ縄文人も耳たぶに穴をあけ、このような製品をピアスとしてはめ込んでいたと推察している。

## 琥珀と真珠

毎日細かい回収作業に従事するなかで、作業員のおかあさんたちを喜ばせてくれた資料の一つに琥珀《こはく》の玉がある（図13⑦）。やや赤みを帯びた黄色い半透明の石で、残念ながら大きく破損しているために原形をとどめていない。遺存していた破片の大きさは長さ七ミリ、厚さ六ミリ。琥珀は天然樹脂の化石で、日本における産地としては岩手県の久慈近辺や千葉県銚子などが知られている。

この琥珀玉もこれらの地域から入手したものであり、発達した縄文交換ネットワークの一端に粟津縄文人がつながっていたことを示唆している。

真珠の出土もまた、作業員さんたちをしばしば興奮させてくれた（図13⑧）。二万数千袋の堆積物のなかから六点を回収できた。「淡海《あふみ》の海　沈《しづ》く白玉　知らずして　恋《こひ》せしよりは　今こそまされ」。これは万葉集巻十一（二四四五）に収録された歌だが、琵琶湖の真珠は古来から白玉として親しまれてきた。

ただし、出土した真珠の大きさはいずれも二〜三ミリしかない。また、何かに装着した痕跡もない。これらのことを勘案すると、この真珠を縄文人がわざわざ採取し、装身具に用いていた可能性は低いだろう。

第三貝塚からはセタシジミのほかにイケチョウガイとよばれる貝が出土している。この貝は真珠を生成する。たまたま体内に天然真珠を育んでいた貝が採取され、そこからこぼれ落ちたものなのだろう。

## 5　漆製品と撚り紐

### 漆製品が語るもの

先にみたように粟津縄文人は漆塗りのアクセサリーを愛用していた。姿がみえないのでイメージしにくいけれど、少し想像すると相当な洒落者だったようにみえる。

琵琶湖周辺では、米原市の入江内湖《いりえないこ》遺跡から赤漆を塗った容器や着色前の生漆を入れていた容器などが出土している。これらは縄文時代前期中ごろのもので、このころには琵琶湖周辺でも美しい漆製品が製作されていたと考えられる。

これらの漆製品は当時の文化や経済の水準を物語る重要な資料だ。というのも、漆製品の製作には多くの時間と高度な知識を要するからで、その日暮らしのような状態では製作できないからである。その製作過程と重要ポイントを少し述べてみよう。

①漆樹液の採取　漆の木から樹液を採ることができるのは初夏から秋に限られる。一回にすくい採れる漆樹液は一ミリリットル程度なので、一シーズンに一本の木から採ることができる量は二〇〇ミリリットルに満たない。

②樹液の精製　生の樹液では光沢がなく発色しにくい。そのため、摂氏四〇度前後に温度を保ちながら攪拌し、ゆっくりと時間をかけて水分量を三〇パーセントから五パーセント程度にまで減らす必要がある。この過程で漆の量はさらに目減りするので、製品に塗布するために必要な量を確保するには、多数の漆から長い時間をかけて採取する必要がある。

③調合・塗布・乾燥　精製後、顔料や色素を漆液に混ぜ合わせて調合する。その後、別途つくっておいた製品本体に下塗りし、乾燥後に本塗りを重ねる。急激に乾かすとひびや皺が入るので、高温多湿な環境で時間をかけて乾燥させる必要がある。

このように、漆製品は簡単に手に入るものではない。しかも重要なのは、食料確保や生命の維持に直接役立つものではない点だ。生活に必要不可欠なものではないのに、その製作に多大な労働時間を割いていることからみて、琵琶湖周辺の縄文人の暮らしぶりが透けてみえてくるだろう。それは、食料確保に日々追われるような汲々としたものではない。余力のある安定したものだったのである。また、その製作工程は複雑で専門的かつ体系的な知識が必要でもある。出土した漆製品は、彼らの文化的水準の高さを物語る重要な資料なのである。

## 奇跡の撚り紐

私がびっくりした出土品の一つは撚《よ》り紐《ひも》の出土だ。忘れられがちだけれど、縄文人は植物繊維を撚るのが得意である。そもそも縄文時代を象徴する土器そのものが、撚り紐と縁が深い。縄文土器特有の縄目文様は、彼らが撚り出した縄を焼成前の土器の表面で転がしてできている。この縄目文様にはさまざまな種類があり、数え切れないほど多くの撚り方があったことを教えてくれる。縄文人は、植物繊維を撚る達人である。

しかし、植物繊維が遺跡に残ることはきわめて稀だから、縄文人によって撚られたその実物を目の当たりにする機会はめったにない。ところが第三貝塚からは三点の撚り紐が出土している（図14）。一つはいわば結び玉の部分で、幅一ミリの扁平な繊維を結んだもの。残る二つは幅〇・五ミリの扁平な繊維を緩く右撚りにしたものである。撚りはあまり均一でないが、ルーペでみるとしっかり撚ってあるのがわかる。

この繊細な撚り紐、五〇〇〇年や四五〇〇年の時を越えて遺存してくれていたことだけでも奇跡だが、私が一番びっくりしたのは、これを見事に回収したことである。これらの撚り紐は太さ一ミリにも満たない極細のもので、いずれも撚り紐というよりは糸とよぶべきものである。これを雑多な堆積物のなかから無事に救い出したのは、奇跡とよぶにふさわしい。

図14●撚り紐
極小の遺物。現地の遺物を持ち帰り水洗選別したおかげで発見できた。

## 縄文人のリサイクル

紐に関連して、私が感動した遺物を紹介しておこう。縄文人のリサイクルを鮮やかに物語る土器である。土器は使用しているうちに割れる。割れた土器の破片のなかには、わざわざ石の錐で小さな孔を空けたものがみつかる。これは、縄文人が割れた土器を補修するために設けた孔だ。現代の私たちが作業室で土器を修復していくと、これらの孔は割れ目をはさんで対になるように設けられていて、この穴で縛り付けていたことが推察できる。

しかし、この補修の詳細やその後の利用を如実に示してくれる資料は稀だ。この孔を使ってどのように縛ったのか。縛り付けるだけで補修を終えていたのか。補修後はどのように用いていたのか。その謎を解き明かす具体例が残っていたのである。

具体例が残っていたのは、「船元Ⅰ式土器」の破片である（図15）。いわゆる在地産の製品だ。六つの破片でその具体例が確認できた。もっとも状態の良いものを観察すると、割れ目をはさんで対になる部分に孔を空け、それを紐で縛り付けている。残念ながらこの補修紐が残っていたのは土器の外面側だけだが、その紐は撚った縄かフジ科の蔓が潰れて繊維が露出したものだと推察された。

ポイントはここからだ。縛り付けた後、縄文人は何かパテ状のものをその上に塗布している。これは茶褐色のもので、塗り込めた物質の厚さは一・五ミリほどになる。質感は柔らかい。漆だと硬くなるはずなので、それだけを塗ったものでないだろう。成分の分析は今後の課題だが、漆のような樹脂に何かを混ぜたようなものにもみえる。

ともあれ、彼らは紐で補修したうえ、割れ目とそのまわりなどにパテ状の物質をていねいに塗り込め、なかの液体が漏れないように工夫している。縛り付けて元の形に戻すだけでなく、液体を入れる機能も回復させようとしている

**図15 ● リサイクルされていた土器**
紐とパテで補修した後、あらためて煮沸に用いたので、
補修部分にも吹きこぼれの炭化物が付着している。

可能性がここにみいだせる。

さらに驚いたのは、そのパテ状の物質の上に炭化物が付着していたことだ。これは、補修後に煮炊きしなければ付着しない。つまり、彼らは液体を入れるだけでなく、補修後に加熱調理もしているのである。必要に迫られてのことだろうが、その技術と工夫に私は感動した。

## 6 意外な出土品と期待された課題

### 「白いお椀」

話は現地発掘時に戻る。調査も終盤近くなった、ある暑い日の午後。私の記憶のなかでは作業員さんが一人もいないので、彼らが半ドンで帰ってしまった土曜日だったのかもしれない。ともあれ、第三貝塚が堆積しはじめたころに形成された砂層を私は一人で掘っていた。移植ゴテで砂を箕《み》にかき集め、それを土嚢袋に入れる作業を汗みずくになって進めていると、突然、「白いお椀」が姿をあらわした。

第三貝塚では、それまでも多くの縄文土器の破片が出土している。土器の底部が上になって出土することもしばしばあるので、今回もその一つだと思って掘り進めた。ただ、妙に丸くて色が白い。変わった土器だなぁと思いながら、軽くトントン叩いたりしながら作業を進めていると、さすがに妙な気がしてきた。表面に縫い目のようなものがみえる。小学校の理科実験室にあった人骨標本が目に浮かび、トントン叩いたことをすぐに後悔した。「白いお椀」の正体はヒトの頭蓋骨、縫い目はその縫合線だ（図16）。私はすぐベテラン調査員のもとに走り出した。

ベテラン調査員の処置はさすがに素早かった。滋賀《しが》里《さと》遺跡という遺跡の調査で幾体もの人骨をとり上げてきたベテラン調査員は、まごつく私を落ち着かせると、すぐに出土状況を記録する段取りをはじめた。ていねいかつ迅速に掘り上げ、私に写真を撮影させたうえで、あっという間に実測して慎重にとり上げた。その流れるような早技に尊敬を覚えるとともに、まごつく自分の経験の浅さに悔しさを感じた一幕だった。

## 人骨の出土が意味するもの

この人骨の出土は何を物語るのだろうか。まず重要なのは、①頭蓋骨は頭頂部を真上にした正位の状態で出土していること、②頭蓋骨のほかは下顎骨と若干の頸椎《けいつい》・胸椎《きょうつい》が出土しているだけで、それより下の部位、胴部以下はまったく出土していないこと、③人骨の周辺は五センチほど浅く凹んでいたが、墓穴として掘り

図16 ● 「白いお椀」の正体
中央が頭蓋骨、右は同一人物の下顎骨である。

くぼめたようなものではないことの三点である。このことから、この頭蓋骨は墓穴に埋葬されたようなものではなく、ほとんど平たい地面に、頭に近い部分だけを据え置いたものであることがまず理解できるだろう。

つぎに重要なのは、④そもそも第三貝塚全体でみてもヒトの骨はほとんど出土しておらず、埋葬遺構もまったく確認されていないこと、⑤頭蓋骨の下からは、第一頸椎一点、胸椎一点、頸椎二点が出土したが、このうち最後の頸椎二点は頭蓋骨と別人のものであること、⑥この頸椎を詳細に観察しても斬首されたときに残るような傷はいっさいみられないことの三点である。

このことから、これらの人骨は第三貝塚とは別の地点から運ばれてきたものであり、そのときに別人の椎骨二点も誤って持ってきた可能性が考えられ、一方で斬首のような形で持ってこられた頭部ではなく、筋肉などが朽ち果て、白骨になってから運ばれてきたことも推察できた。

以上のことを総合すると、この人骨はどこかほかの墓地、いくつかの遺体が重なりあって埋葬されているような墓地から、頭とその周辺の骨だけをわざわざ持ち去り、この第三貝塚の地にあらためて据え直したことを物語っているようにみえる。

そう推定した場合、その行為の理由や背景は何なのだろうか。この謎解きはなかなか難解だが、この人骨が出土した層の位置づけが重要なヒントになるかもしれない。この人骨は二五一層とよばれる砂層から検出された。この層は第三貝塚のなかでもっとも古いⅨ層群の一つなので、第三貝塚への廃棄がはじまったころに、この人骨がこの地に据え置かれたことを示している。もしかすると、先祖の遺体の一番大事な部分、頭部をここに据え置くことで、この場所の神聖化や土地所有の宣言のようなことをしたのかもしれない。

## 意外な落とし物

意外な落とし物も出土した。糞である。その大きさは、大人の親指一本分程度だ（図17）。落とし主は誰だろう。形や大きさからみて、縄文人か、彼らが飼っていたイヌだと思われる。

ヒトやイヌは毎日のように便をするので、遺跡には無数の糞が存在していたはずだ。しかし、幸か不幸か、普通の遺跡では分解されてしまう。あるいは残っているにもかかわらず、私たちは気づかずにその手で握りつぶしているのかもしれないのだが、さまざまなものを良好な状態で残してくれる低湿地貝塚では、糞がそのままの形で遺存してくれる。

念のために書いておくと、もちろん匂いはしない。化石のように固く乾燥しているので、報告書などでは「糞石」と記している。第三貝塚ではこれまで九点の糞石がみつかっているが、やはりみつかるたびに作業員のおかあさんたちを盛り上げてくれる人気者だ。

ともあれこの糞石を分析すると、落とし主の栄養状態や寄

図17●取得された落とし物
発見されるたびに歓声があがる「糞石」。

生虫のこともわかるだろうし、その食性、何をどの程度ずつ食べていたのかなどもわかるだろう。専門的な分析方法は未開拓なので、これ以上の解説はできないが、割れ口などから内容物を観察すると、結構大きな骨の破片なども含まれている。落とし主はヒトというよりはイヌかもしれない。分析技術の発達が楽しみな資料の一つである。

## 期待された課題の解明

以上のように、第三貝塚では普通の遺跡では残らない多様な資料が埋もれていた。第三貝塚は、関西地方の縄文文化を語るうえで欠かせないタイムカプセルそのものである。調査指導委員会が、全堆積物を持ち帰るように指示した意味もうなづける。

この低湿地貝塚の調査に期待された課題は三つある。第一の課題は、ここまで述べてきたような資料をしっかり報告することだ。これについては、当然のことながらノウハウを蓄積しているのでさして心配はなかった。問題は残る二つの課題である。

第二の課題は、縄文人の食卓を復元する作業である。第三貝塚の特質は、低湿地に残された貝塚だというところにある。そのため、動物を素材とする食料残滓と、植物を素材とする食料残滓がセットで遺存している。このように二つをあわせもつ遺跡は、全国的にもきわめて稀で、縄文人の食卓、少し専門的にいうならば「食性」を復元する絶好の資料だ。したがって、その解明が第二の課題とされた。

しかし、その解明に必要なノウハウは、どの調査機関でも蓄積しているわけではない。東日本で貝塚が集中する地域、たとえば千葉県などにある調査機関ならば優れたノウハウを蓄積しているが、それでも植物を素材とする食料残滓の分析のノウハウまで備えている機関となると皆無に等しい。だから、このノウハウを学ぶところから課題ははじまることになる。

第三の課題は、縄文人の生業の季節的な移ろい、季節性を復元する作業である。第三貝塚の堆積物は、大きく分けて四種類ある。すでに紹介したように、純貝層、純植物層、砂層、そして貝と砂が混じった混砂貝層（もしくは混貝砂層）である。このうち、純貝層と純植物層は互いに混じりあうことなく堆積していた。このことはきわめて重要だ。貝層と純植物層の堆積の時期がずれていたことを示唆しているからだ。

たとえば、木の実が食料として採集できるのは秋から冬の前半だ。その残滓が廃棄され、植物層として堆積した季節は秋から冬の可能性が高い。一方で、貝類を採取するには、水が暖かい春から夏のほうが都合がよい。その残滓が廃棄され、貝層として堆積した季節は春から夏だった可能性がある。このように想定するならば、純貝層と純植物層は互いに混じりあうことなく堆積することになる。

以上はあくまで仮説のストーリーだけれども、何らかの方法でこの想定を証明できたなら、縄文人の季節性の復元につながっていく。幸いなことに、この季節性に関する研究は全国で繰り広げられていた。たとえば、貝殻に残る微細な痕跡やイノシシの歯の萌出状況などから、季節を推定する方法が確立していたのである。琵琶湖周辺地域や西日本で本格的な導入例はまだなかったけれども、私たちはこのノウハウも学び、急ぎ構築していくことになった。

# 第3章　粟津縄文人の暮らしをさぐる

## 1　解明への手さぐり

### 支えてくれた仲間

一九九二年春、至高のタイムカプセル・第三貝塚の整理調査がはじまった。担当者は就職二年目の私と二人の新人職員である。一人は中川治美で植物遺存体の担当となり、いま一人の今江（稲葉）正子が貝類の担当になった。現地を知る私は、その二つにも携わりながらそれ以外の資料を扱うことになった。

課題の重さを考えると、当時の保護協会の方針には信じがたい部分もあるが、若い者に思い切りやらせるという方針だったのかもしれない。翌年からは六歳ほど年上の伊庭功も加わり、動物遺存体の整理と全体の総括に携わってくれるようになるが、ともあれ手さぐりの毎日は新鮮かつ刺激的で、若い三人がやりがいを感じはじめるのに時間はかからなかった。

最初にとりかかったのは、第二の課題「粟津縄文人の食性の復元」をしていくための基礎作業だった。そのために必要な作業は、①堆積物から必要な資料・試料を抜き出し、②分類や同定・計測作業をおこない、③それらのデータを集計・分析することである。とにもかくにも、このうち①と②の作業を動かさなければ何もはじまらない。

しかし残念なことに、それらの作業に関する方法や留意点、使うべき道具さえさっぱりわからない。そこで私はまず、コネとツテを頼った。幸いなことに、千葉県に就職した大学の先輩がいる。千葉県は全国的にみても貝塚が密集して分布する地域の一つで、その調査と分析に関して豊富なノウハウが蓄積されている。熱心に打ち込んでおられる方を紹介していただいた。それが千葉県文化財センターの西野雅人さんである。

西野さんは、詳細な手紙を添え、その調査マニュアルのコピーや関連するレポートを惜しげもなく送ってくれた。また、千葉の作業所の見学にもお誘いくださり、作業法を手とり足とり教えてくれた。

私たち三人は、西野さんからいただいた資料をむさぼるように読み、千葉でのレクチャーをとり入れながら、第三貝塚専用のマニュアルを作成した。そして、データ記入用のシートをつくり、自分たちで試験的な作業もはじめてみた。自分でいろいろ工夫すると、これが意外に楽しい。納得するまで何度も実際に作業し、マニュアルとシートの改訂をくり返した。

熱血教師になってくれたのは、西野さんだけではなかった。発掘調査指導委員会は、報告書作成委員会と名を変え、引き続き指導に当たってくれた。那須孝悌さん、辻誠一郎さん、南木睦彦さんほか一線級の研究者が熱心にノウハウを伝授してくれた。こういった指導委員の熱い応援もあって、やっと暗中に一筋の光明がみえたように思う。

## 動きはじめた試料の回収

現場から持ち帰った堆積物は、まず水洗選別をおこなう。これは水流と篩《ふるい》を使って、堆積物中の微細な遺物、植物遺存体、動物遺存体と大量の砂や小石とをより分ける作業である。

そのためのおもな道具は図18のとおりだ。要になるのは、右上の青くて大きなバケツ。これは直径五〇センチほどの大ぶりのタンクで、底には排水孔があり、自由に貯水と排水ができる。このなかに四種類の篩を入れ子状に納める。篩の目の大きさは一〇、四、二、一ミリの四種類。一番内側の篩が粗く、一番外側の篩が一番細かくなるように収める。一番内側の篩に貝塚の堆積物を入れ、水を流し込むと堆積物は篩を通り越して下に落ちる。それぞれの篩には、観察していくべき試料が大きさごとに残る仕かけだ（図19）。

篩の目の大きさが四種類もあるのは、後の作業をしやすくするためだ。篩に残った堆積物

**図18 ● 水洗選別を支えた七つ道具**
大量の試料を迅速かつ効率的に扱っていく必要があったため、これを7セット用意し、2万数千袋を洗いきった。

POST CARD

恐れいりますが
切手をお貼り
ください

113-0033

東京都文京区本郷
2-5-12
**新泉社**

読者カード係 行

| | | | |
|---|---|---|---|
| ふりがな | | 年齢 | 歳 |
| お名前 | | 性別 | 女 ・ 男 |
| | | 職業 | |
| ご住所 | 〒 都道府県 区市郡 | | |
| お電話番号 | － － | | |

◉**アンケートにご協力ください**

・**ご購入書籍名**

・**本書を何でお知りになりましたか**

□書　店　□知人からの紹介　□その他（　　　　）

□広告・書評（新聞・雑誌名：　　　　）

・**本書のご購入先**　□書　店　□インターネット　□その他

（書店名等：　　　　）

・**本書の感想をお聞かせください**

＊ご協力ありがとうございました。このカードの情報は出版企画の参考資料、また小社からの新刊案内等の目的以外には一切使用いたしません。

◉**ご注文書**（小社より直送する場合は送料1回290円がかかります）

| 書　名 | 冊　数 |
| --- | --- |
| | |

は、肉眼やルーペ、時には顕微鏡をつかって選別し、多量の砂のなかから、遺物の細片、動物遺存体、植物遺存体を回収していくことになる。そのとき、大きさがバラバラのものが混在しているより、ある程度大きさがそろっているほうがやりやすい。細かいものを選別していく作業は、ただでさえ辛い作業なので、これも大事な工夫となる。

ここで補足しておくべきことが三つある。一つは篩の目の大きさだ。さきほど述べた篩の目の大きさは、一番細かいもので一ミリだと述べた。しかし、じつは〇・五ミリメッシュの篩も補完的に用いている。これは、アユなどの小さい魚の背骨やその細かい歯を回収するためである。これらのごく小さい資料は一ミリメッシュの篩だと通り抜けて排水されてしまう。それを防ぐために、〇・五ミリメッシュの篩で補うのだ。

ただし、〇・五ミリ大の細かい堆積物を選別する作業は、気絶するほど時間がかかる。だから、

**図19●堆積物を水洗選別する**
金属製の篩は想像よりずっと重い。立ちっぱなしの作業は相当な重労働だ。連日の作業は負担が大きすぎるので、机にむかってする選別・同定作業の日と交互に担当してもらった。

この篩を使った作業は一部のサンプルだけに絞っておこない、全体のデータには、その集計結果を統計的に処理することで反映させることにした。

## 浮き上がる種子を見逃すな

二つめの補足事項は、植物遺存体の回収方法である。土砂や動物遺存体の多くは水より重い。だから、水洗選別では篩に落ちてそこで回収されていく。けれども、植物遺存体は比重が小さいので水に浮いてしまうことが多い。そうすると篩に引っかかることなく、そのままだと回収されることなく排水されてしまう。これでは貴重な試料を失うことになるので、一工夫が必要だ。その工夫が、ウオーター・フローテーション回収法の併用である(図20)。

ウオーター・フローテーション回収法では、まずバケツに篩を重ね水を流し込む。ここまでは水洗選別と同じである。そのとき、すぐに排水してはいけない。貯水することが第一のポイントだ。そして、

図20 ● ウオーター・フローテーション
タンクのなかの水と堆積物を思い切り攪拌し、浮いてきた植物遺存体を回収する。これも相当な重労働だ。

バケツにたまった水を元気よく、そしてしつこく攪拌する。そうすると水流が起きて比重の軽い植物遺存体が浮遊してくる。そこをすかさず目の細かいネットですくい、貴重な試料を回収するのである。上手に水流を起こし、しつこく回収していくことが第二のポイントとなる。

このとき活躍したのは、主婦である作業員のおかあさんたちのアイデアである。最初は紅茶の茶こしですくっていた。けれども、これだと径が小さいために時間がかかる。一人のおかあさんが、使い慣れた洗濯用のゴミ取りネットの使用を提案してくれた。おかげで、その後の効率は大きく向上した。

## 作業にメリハリをつける

三つめの補足事項は、作業の対象量と方針である。第三貝塚の堆積物は約二万数千袋。体積で換算すると、一六万三七九二リットルになる。現地では、八つの地区に分け、さらに数百の層に分層して調査している。そのすべての堆積物に関して、①水洗選別、②回収作業、③同定作業（図21）を実施すると膨大な時間がかかってしまう。さすがにそれは不可能だったので、西野さんや指導委員の先生方の助言を入れて、作業にメリハリをつけることにした。

①〜③の作業で一番時間がかかるのは③の作業である。そこで、①・②・③のすべての作業を実施するのは一部のサンプルに絞ることにした。そして、サンプル以外の堆積物に関する作業は①・②までにとどめた。こうすることで、報告書作成に必要な作業が二〜三年で終了できる見込みが立った。一方で、サンプル以外の③の作業もおいおい実施し、そこで回収された遺

物は、さらに遠い将来に予定していた報告書の続編で報告する方針とした。

ちなみにサンプリングはつぎのように実施した。サンプルは各地区の各層から任意に抽出した。サンプルの一単位は四リットルである。各層の堆積物から三単位一二リットル分を抜き出し、これを優先的に水洗選別し、貝類をはじめとする動物遺存体、種実などの植物遺存体、微細な遺物を回収した。回収したサンプルのうち、篩に残った堆積物については、三単位のすべてで詳細な作業をおこなった。

ただし、魚骨の回収と同定は厄介だ。フナやアユの椎骨など小さな骨をチマチマと拾い上げ、一つひとつ種類と部位をそれぞれ同定していく。これはまさに骨が折れる作業だ。当然、時間もそれだけかかるので、ここでも再サンプリングをおこなうことにした。魚骨の回収と同定については、三単位のうち一単位だけ実施することにして、後

**図21 ● 堆積物の選別と同定**
左側は、堆積物のなかから各種の遺物・遺存体を選別しているところ。右側は、セタシジミの大きさを計測しているところ。

は統計処理を加えてデータ化することになった。

もう一つ骨が折れたのは、ウオーター・フローテーションで回収した植物遺存体の同定作業だ。このなかにはとても目立ちやすいドングリやトチノキといった大型種実の皮のほかに、それよりもっと細かい草の種のようなものもたくさん含まれている。これら小型の種実を回収・同定していく作業もまた、魚骨並みに骨が折れる。そこで、これも最初の一単位だけ詳細な作業を実施し、後は統計処理でデータ化することになった。

このようにいろいろな工夫を凝らしても、試料の回収、同定・集計には、やはり二年半〜三年の期間がかかった。しかし、徐々に蓄積されていく成果は、私たちにやりがいを与えてくれた。それを励みに、作業員さんたちと共にルーペや顕微鏡をのぞき、パソコンにデータをコツコツ入力していく。さまざまなグラフからみえてくる興味深い傾向は、若い三人に勇気も与えてくれた。

## おかあさんたちの奮闘

このように書いていくと、まるで自分たちだけが苦労したかのような錯覚をしてしまうけれど、一番苦労してくれたのはパートの作業員さんたちだ。この水洗選別・回収・同定作業には、常時二〇〜三〇人ほどのスタッフが必要だったから、私たちはこのプロジェクトが本格化する前に、新聞の折り込み広告でスタッフを募集した。応募してきてくれたのは、作業場となる滋賀県立安土城考古博物館の周辺にお住まいの主婦であるおかあさんたちだ。もちろん、どこかのラボや研究室に属したことのある方などは皆無である。顕微鏡をさわるのも小学校の理科の授業以来だという方ばかりだった。

四リットルの堆積物を目の前にして、最初は細かい試料を間違いなく回収できる人はいなかったが、さすがに貝殻は料理などで日常的に目にするから回収でき、慣れてくると、すぐに生物学的な分類・同定もできるようになった。

しかし、魚骨や植物の回収・同定作業は困難をきわめた。そもそも、何を回収すべきかを認識することがまず難しい。相手は場合によっては〇・五ミリ大の小さい物体だ。意識しなければ、砂粒やゴミにみえる。そんなおかあさんたちが、日々ルーペをのぞくのはつらいことだったろうが、彼女たちには会話という便利な道具があった。日々の暮らしの何気ない出来事を笑いに変え、互いにからかいながら明るい流れを生み出し、ともすれば辛気くさい作業を賑やかに演出してくれていた。

エキスパートの協力も忘れられない。植物遺存体の選別・回収・同定、そして分析作業には、南木さんが徹底的にサポートしてくれた。また魚骨をはじめとする動物遺存体に関しては、当時京都大学の大学院生だった内山純蔵さんがサポートしてくれた。

そして私が感心したのは、作業員さんたちの吸収力だ。知識を得て、ものを識別する手がかりさえつかめば、驚くほどのレベルにまで到達してくれる。多忙ななか、南木さんと内山さんが定期的に作業室を訪れ、作業員さんたちの同定結果や回収ミスをチェックしてくれていたが、おかげで次第にその手をわずらわせることは少なくなっていった。

## 挫折と失意と研究会

試行錯誤や多少の困難はあったものの、スタッフや西野さん、南木さん、内山さん、諸先生のおかげで作業は順調に進んでいった。そうしたなかで、調査員として一番冷や汗をかいたのは、報告書作成委員会だった。

この委員会は年に二〜三回開催され、作業の進捗状況、成果、その後の方針が厳しくチェックされ、指導を受ける。私はこの委員会が本当につらかった。報告書は一九九二年度から四年間をかけて作成する計画だったので、一〇回ほど開催されたことになる。

振り返ると、どの委員も第一線で活躍されている研究者ばかりなので、相当多忙だったはずだが、会議には必ず出席してくれた。要領を得ない若い調査員の報告に対して匙を投げることなく、時には湯気が出るほど本気で叱ってくれた。まだ二〇歳代前半の私たちを、そしてその若い調査員たちがつくろうとしている報告書を、本気で磨きあげようとしてくれたのである。

とはいえ、叱られる方にはつらさが募る。膨大な資料を前に先がみえず、委員会のたびに実力不足を思い知らされる。叱られすぎて、前を向くのに必要な自分を信じる勇気さえ見失いがちだった。

なんとか活路を開くために私たちがはじめたのは、基本に戻ることだった。その基本とは、各地の貝塚や低湿地遺跡の報告書そのものを徹底的に分析すること。何がどのように調査され、それがどのような形で報告されているのか、あらためてこれを徹底的に洗い直すことにした。昼間の仕事を終えた後、書庫から報告書をとり出してきては記載内容を洗い出し、レポートにまとめていった。

水洗選別をはじめて一年半ほどたった一九九三年一一月、仕事を終えた事務所に年若の三人だけで残った。そして、おのおのが調べ上げた内容を発表しあった。

この発表会は、とてもたどたどしいものだったが、目の前の霧を次第に払いのけていってくれた。三人は報告書作成委員会で叱られるのがやっぱり嫌で、とても悔しくて仕方なく、もっと知恵や情報がほしかった。そこで、内山さんや西野さん、あるいはそれぞれの友人や先輩・後輩に声をかけて、毎月一回の勉強会を続けていくことにした。「近江貝塚研究会」の誕生である。

## スクラム膨らむ

この小さなアクションは、その後、大きな流れを生み出した。友人が友人を誘っていってくれるおかげで、次第に規模が拡大していった。友人たちもそれぞれの分野の研究発表をもちまわりで担当してくれた。この小さな勉強会は、貝塚の調査報告書の分析という狭い目的のた

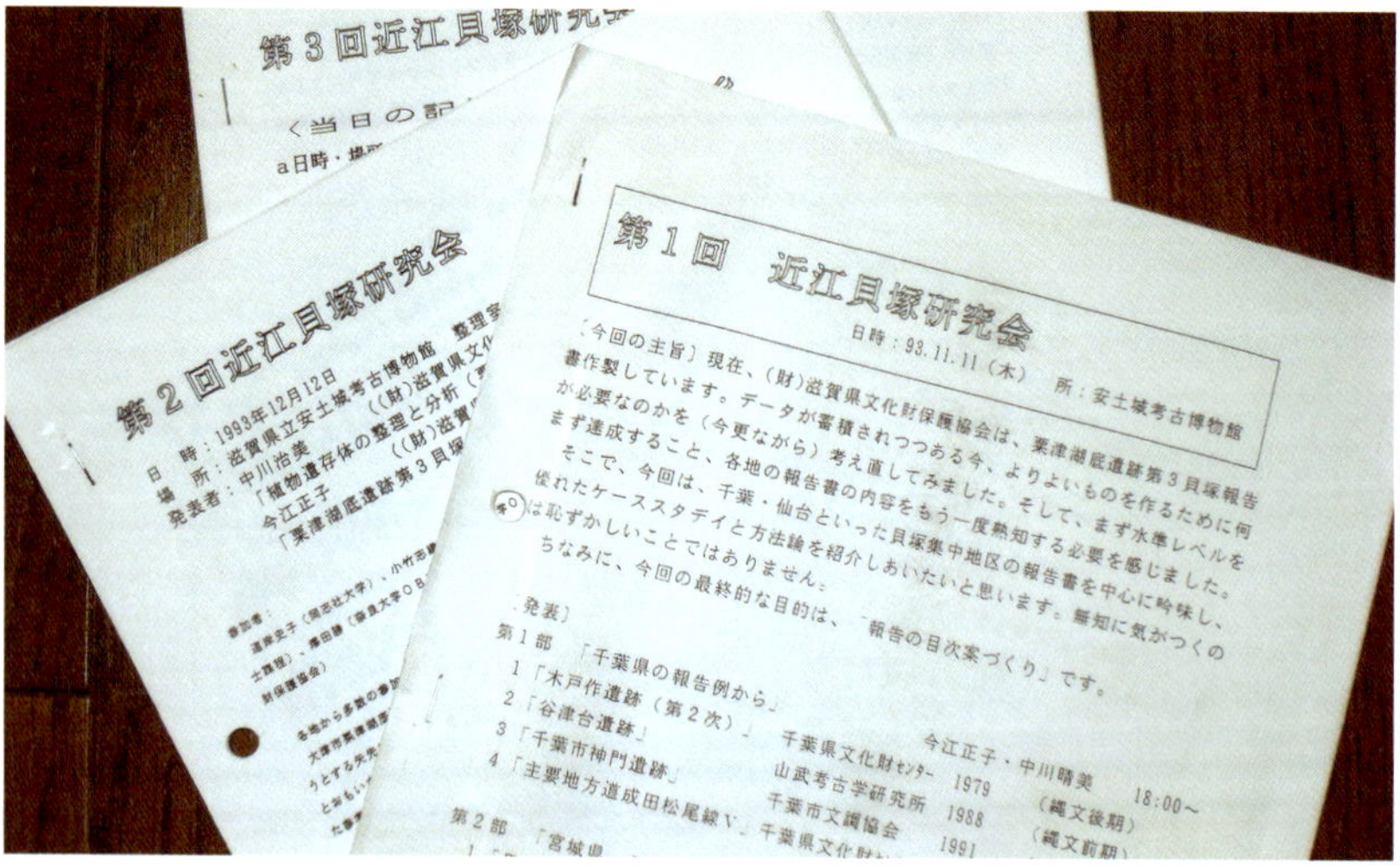


**図22 ● 初期の近江貝塚研究会会報**
スタート直後の「近江貝塚研究会」の資料。健気なことに「無知に気づくのは恥ずかしいことではない」と冒頭でみずからを励ましている。

めにはじまったが、その視野はすぐにさまざまな分野へ広がっていった。

低湿地の貝塚である第三貝塚からは、そもそも多様な資料が出土する。動物遺存体だけでなく植物遺存体もあったし、土器・石器・骨角器・木製品なども勉強の対象になる。遺存体や遺物の検討がある程度進むと、今度はそこから見通せる縄文時代の仕組みも検討対象になっていった。次第に「近江」や「貝塚」の枠を飛び越え、旧石器時代から近世、そして考古学から自然科学・人類学・哲学・博物館学・芸術といったさまざまな分野の人たちが出入りするサロンとして成長していった。

この近江貝塚研究会は、調査報告書刊行後の現在も続いている。本書を執筆している二〇一五年六月現在、足かけ二二年、通算二六〇回の例会を重ねつつある。

こうして日々の業務でスクラムを組んでくれた明るい作業員さんたちとシンクタンクともいえる近江貝塚研究会のおかげで、分析作業と報告書の執筆は軌道に乗りはじめた。最終的には一九九六年、正式な報告書を無事刊行できた。以下、その成果をのぞいていってみよう。

## 2　粟津縄文人の食卓を復元する

### 湖の貝と海の貝

第三貝塚の調査に求められていた第二の課題「粟津縄文人の食性の復元」について、ここではまず生物学的な分類群ごとに様相を整理し、最後に全体の傾向を明らかにしよう。

まず貝類の様相。第三貝塚からは、二六種の貝類が出土した。その内訳は淡水産の貝類が一九種類、陸産のカタツムリの仲間が二種類、そしてわざわざ海浜部から運ばれてきた海水産の貝類が五種類である。

量的に多いのは、もちろん淡水産の貝類である（図23）。個体数の割合では、シジミガイ科が七八・三パーセント、カワニナ科が一〇・六パーセント、イシガイ科が四・八パーセント、タニシ科が四・三パーセント、そして淡水産の微小巻貝が二・〇パーセントを占めている。

このうち、もっとも多いシジミガイ科の大半はセタシジミであることがわかっている。セタシジミは水深の浅い砂地を好んで棲息する。第三貝塚のまわりは、まさにそのような環境が広がる地点で、粟津縄文人は貝塚のまわりで盛んにこのセタシジミを採っていたと考えられる。

カワニナ科は長さ三〜四センチの小型の巻き貝、イシガイ科は幅三〜四センチのオトコタテボシガイ・タテボシガイ・マツカサガイといった二枚貝である。これらの多くも水深の浅い砂地を好んで棲息する。また貝層のなかでも、セタシジミと混ざって出土することが多い。そのことから、おそらくセタシジミを採るときに一緒に獲れ、そのまま一括して調理・廃棄の道をたどったものが多いのだろう。

タニシの出土量は、全体の割合からみると四・三パーセントと少ないが、発掘しているときは目立った。というのも、四センチ大の立派なものが多く、またタニシだけでまとまって出土することが多かったからである。食べごたえがある大きさで、粟津縄文人はこれをわざわざ狙って採り、これだけで味わい、廃棄していた可能性もある。

淡水産の微小巻貝はマメタニシとモノアラガイ科などの貝を確認している。大きさは三～五ミリほどなので、食用にしたというよりは、何かに混じって貝塚にもたらされたと考えるべきだろう。貝塚からはヒシの実もたくさん出土している。マメタニシなどは水草に付着することが多いので、ヒシの実などを採集したときに一緒にもたらされたのかもしれない。

海産の貝類は、タマガイ科が三点、タカラガイ科が一点、ハイガイとその仲間が四点、イタボガキが一点である。ハイガイはギザギザの貝殻をもつ二枚貝だ。第三貝塚からたくさん出土する船元Ⅰ式土器には、このハイガイのギザギザを利用して模様をつけることがあるので、その文様をつけるための道具として持ち込まれた可能性が高い。イタボガキは先述した腕輪のことである。タマガイ科やタ

**図23●同定された淡水産貝類**
上から2列目の左端がセタシジミで、これが全体の約8割を占める。上列右の4つはタニシ。フランス料理のエスカルゴ級の大きさで、食べごたえがありそうだ。

カラガイ科も装飾品の材料として持ち込まれたのかもしれない。

## 復元された豊かな資源

このように第三貝塚からはさまざまな貝が出土したが、その約八割はセタシジミだった。このセタシジミの大きさを測り、集計してみたところ、興味深い傾向が浮かんできた。

測ったのは貝殻の横幅（殻長）である。このデータを集計すると、もっとも大きいものは四〇ミリを超えていた。また三〇〜三二ミリのものがもっとも多く、大半が二四〜三六ミリの範囲におさまることが判明した（**図24**）。

たとえば、実際に出土したセタシジミを私たちは博物館などで展示する。それをみた小学生やその保護者は、必ずその大きさに驚いてくれる。現代の私たちの感覚からすると、これらのサイズは、シジミというよりもアサリなどに近い。私たちが食卓で堪

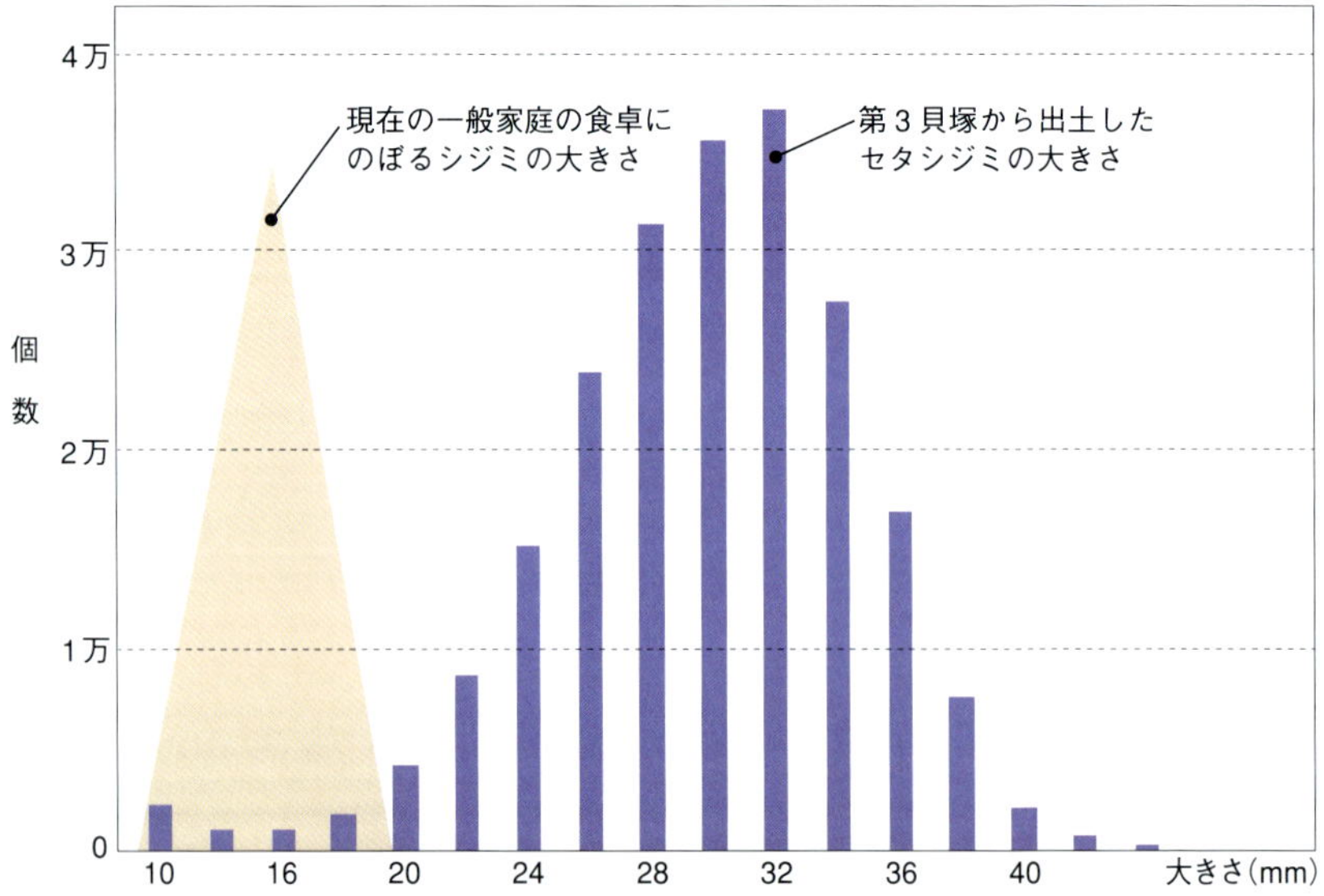


**図24 ● セタシジミのサイズ分布**
現在の一般家庭の食卓にのぼるシジミとくらべて、かなり大きなセタシジミを粟津縄文人が食べていたことがわかる。

能する一般的なシジミの味噌汁の貝は一五～二〇ミリのものが多いが、粟津縄文人はそれよりも二倍近く大きいセタシジミを食していたことになる。うらやましい話だ。

念のために触れておくと、第三貝塚のシジミが異常に大きいわけではない。現代の食卓に上がるシジミが小さ過ぎるといったほうがよいだろう。私たちが食するシジミが小さい理由は「捕獲圧」だ。人口が多く、消費量も多い現代は、大きくなるまで待てずにシジミを捕獲してしまう。一方で縄文時代は、大きく育ったシジミが豊富に生息していたので、それらの大きな個体を好んで捕獲していたのであろう。

## 魚骨からさぐる

堆積物からは魚骨や動物の骨もたくさん出土している（図25）。これらをルーペや顕微鏡で観察・同定していくと、すべてではないが、どんな種類の、どの部位の骨なのかがわかってくる。それを集計していくと、何をどれだけ捕っていたのかがわかるし、場合によっては、どのくらいのサイズを捕獲していたのかもわかる。

第三貝塚では、つぎのような傾向が明らかになった。魚類で出土が目立った種類とその割合は、コイが七パーセント、フナ属が各種三六パーセント、ギギ属一〇パーセント、ナマズ属七パーセントとなる。このほかにも、アユ・ウグイ・タナゴ・モロコなどの仲間が確認されている。もっとも出土量が多いフナ属は、ニゴロブナ・ゲンゴロウブナ・ギンブナが含まれている。

魚にも歯がある。そして種類ごとにその形や生えている場所が異なる。フナ属の場合は喉の奥に臼歯のようなものがあって、それは咽頭歯《いんとうし》というが、その歯の大きさから体長をある程度推定できる。そこで咽頭歯の大きさを測っていったところ、体長二二〜二六センチのものが約六割を占めることが推定できた。そこそこ立派な獲物だ。

## 獣骨からさぐる

獣類としては、ニホンザル・ノウサギ・オオカミ・タヌキ・イヌ・ツキノワグマ・カワウソ・イノシシ・ニホンジカ・カモシカなどの出土が確認されている（図26・27）。たくさんの骨が出土したが、一定の場所に寄せ集めたり、意図的に配置したりしたものはなく、また明確に埋葬を示唆するものもなかった。

量的に目立つのはイノシシだ。その出土量は、魚類を除く脊椎《せきつい》動物のなかではもっとも多い。破片数でみると獣類全体の三二パーセントを占

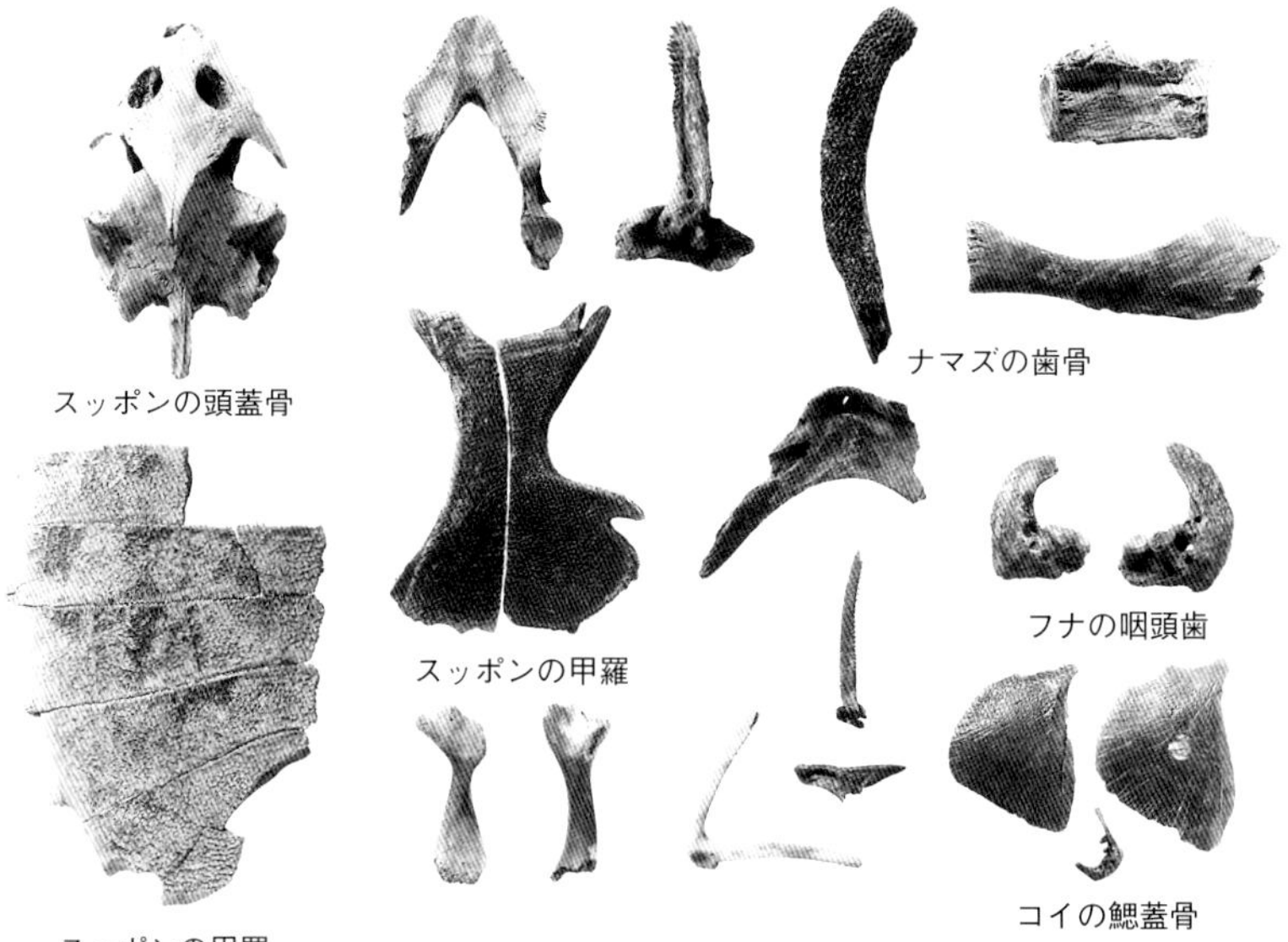


**図25● 出土した魚骨やスッポンの骨**
左上のスッポンの頭骨は長さ10cmほどあり、頭の先から尻までの大きさを推定すると、40〜50cmの大物になる。

めており、「最小個体数」を算出すると、五〇個体分となる。イノシシの骨から読みとれることはさまざまあるが、ここでは顎の骨とそこに生えている歯牙に注目してみよう。

まずオスの顎の骨を観察してみよう。牙が残っている個体は皆無だ。骨を廃棄する前に牙だけは抜いて、道具やアクセサリーの素材として利用していた可能性が考えられる。

歯の萌出《ほうしゅつ》状況からは、捕獲されたときの年齢がわかる。ポイントは下顎の臼歯の生え替わりだ。ヒトでもそうだが、年齢とともに親知らずを含む奥歯の萌出状況は変わっていく。このことを利用すると、縄文人がどのくらいの年齢のイノシシを捕獲していたのかがわかる。

この方法でまず重要になるのが、比較データの完備だ。現代のイノシシの歯の萌出パターンを把握しておく必要がある。年齢と歯の萌出状況を統計的に整理していくことで、基準資料が

**図26●イノシシの下顎骨**
歯の萌出状況から死亡時の年齢や季節なども調べる。
大型獣ではこのほかニホンジカの骨も出土している。

整理できる。つぎに遺跡から出土するイノシシの顎を観察し、現代の基準資料のどの年齢層に相当するかを確認していく。先行研究者たちのおかげで、必要なデータはそろっている。その成果を活用しながら第三貝塚のイノシシの顎の骨を観察したところ、六カ月までの幼獣は七個体、三年未満の若獣は一二個体、三年以上の成獣は六個体と判明した。粟津縄文人は、主に若獣を狙って捕獲していた可能性がある。

イノシシについで目立ったほ乳類は、ニホンジカである。魚類を除く脊椎動物のなかでは八パーセントを占めていた。メスの個体のなかには後頭部を綺麗に割りとったものもある。脳みそまで大切に食料にしていたことを示す証拠だ。

ほ乳類の骨を観察していて、驚いたことが二つある。一つは骨髄食の痕跡である。上腕骨や脛骨の端などには、骨髄が多く含まれている。第三貝塚から出土した上腕骨や脛骨では、こと

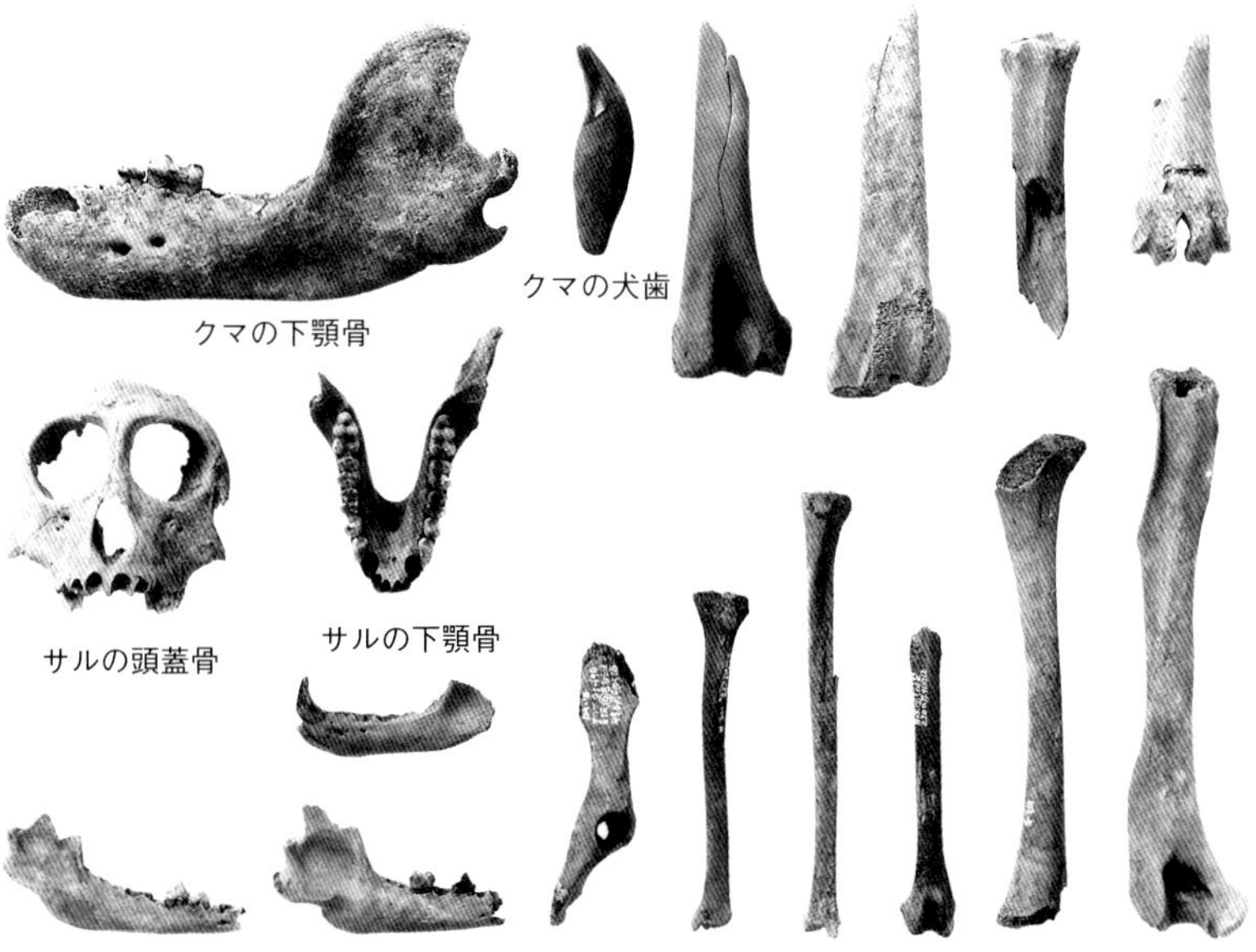


**図27 ● クマやサルなどの骨**
左端中のサルの頭蓋骨は、顔面を綺麗に割りとられていた。このほかタヌキ、カワウソ、カモシカ、ノウサギなどの骨が出土している。

ごとくその部位が破損してしていた。また、その部位のまわりに孔を空けた痕もしばしばみつかっていて、骨髄をとり出すために加工していたことがうかがえる。さらに骨髄が詰まっていた骨の内部に、骨髄をかき出した痕さえ確認できる。脳みそと同様に栄養たっぷりな骨髄を、粟津縄文人は決して見逃していなかった。

ほ乳類以外の脊椎動物としては、両生類・は虫類のカエル類、ヘビ類、カメ類が確認されたが、そのなかでもっとも目立つのはスッポンである。推定されるスッポンの捕獲数はイノシシに匹敵する。また、みつかったスッポンの骨はどれも大きく、復元すると体長三〇センチを優に超えているものが多い。大きな獲物を粟津縄文人は堪能していたに違いない。また鳥類として、サギ科、ハクチョウ属の骨がみつかっているが、その数は意外に少ない。

## 切りとられたサルのマスク

もう一つ驚いたのは、ニホンザルのマスクである。ニホンザルは頭蓋骨二点のほか、下顎や腕、腿の骨などが出土している。そのうち頭蓋骨の一つに特異な痕跡が残っていた。

この頭蓋骨にはコツコツと連続的な打撃が加えられ、額から上顎までの顔面だけが綺麗に割りとられていた（**図27左端中**）。頭蓋骨というものはいくつかのパネルで構成されており、その境目は縫合線とよばれている。脳みそをとり出すならば、この縫合線の割れ目に沿って打撃すればよい。しかし、この出土品は、それとは違うところでわざわざ分割されている。そもそも顔面を切り離しても脳みそはとり出しにくい。だから、この分割は脳みそをとり出した痕跡と考えるより、顔面だけをわざわざ割りとったと解釈すべきだろう。これは、意図的にとり出されたマスクだ。

常識的な見解として、日本列島最古のマスク（仮面）は、縄文時代中期の終わりごろの土製や貝製のものだと考えられている。しかし、第三貝塚は中期の初めごろの遺構だ。このマスクにあらためて焦点をあてると、従来の常識的見解には疑義をはさみたくなる。サルなどの骨で製作した製品やその類品を精査していくと、縄文文化におけるマスクの歴史は、案外古くにさかのぼることができるかもしれない。これも今後の研究の楽しみの一つである。

## 同定された植物質食料

低湿地に形成されていた第三貝塚からは、大量の種実類も出土した（図28）。種実類では、木の実をはじめとする堅果類の出土量が多く、重量比でみるとコナラ属（大半はイチイガシ）が三七・七パーセント、トチノキが三〇・九パーセント、ヒシ属が二七・八パーセントとなり、あわせて九六・四パーセントを占める。残りはカヤ・オニグルミ・シイ属（クリなど）・オニバス・小型種実などである。

堅果類のほとんどは、出土したときの状態などから食料の残滓だと推定されている。とくに上位三種の堅果類がもたらすデンプンは、粟津縄文人の重要なエネルギー源になっていたに違いない。

多くの考古学者を驚かせたのは、トチノキの種実の出土である。トチの実は有毒物質を多く含むので、そのままでは食べられない。灰を水に溶かした上澄み液である灰汁《あく》を加えるなどして加熱処理し、アク抜きをする必要がある。従来、トチノキのアク抜き技術は縄文時代中期後半に東日本で発明され、縄文時代後期以降に西日本へ伝わったと説明されていた。ところが、第三貝塚は中期のはじめなので、想定されていた時期よりずいぶん早く、そして西日本で意外にも早くからトチの実の利用がはじまっていたことになる。このことが多くの考古学者を驚かせた。

そのほか食用にできる植物として、量は少ないけれども、ヤマモモ・クワ属・マタタビ・サルナシ・フユイチゴ・キイチゴ属・サンショウ・ブドウ属・ミズキ・ニワトコなどが出土している。これらの種子や漿果《しょうか》は食用にできるので、粟津縄文人も利用していた可能性がある。

さらに、量は数点しか確認されていないが、エ

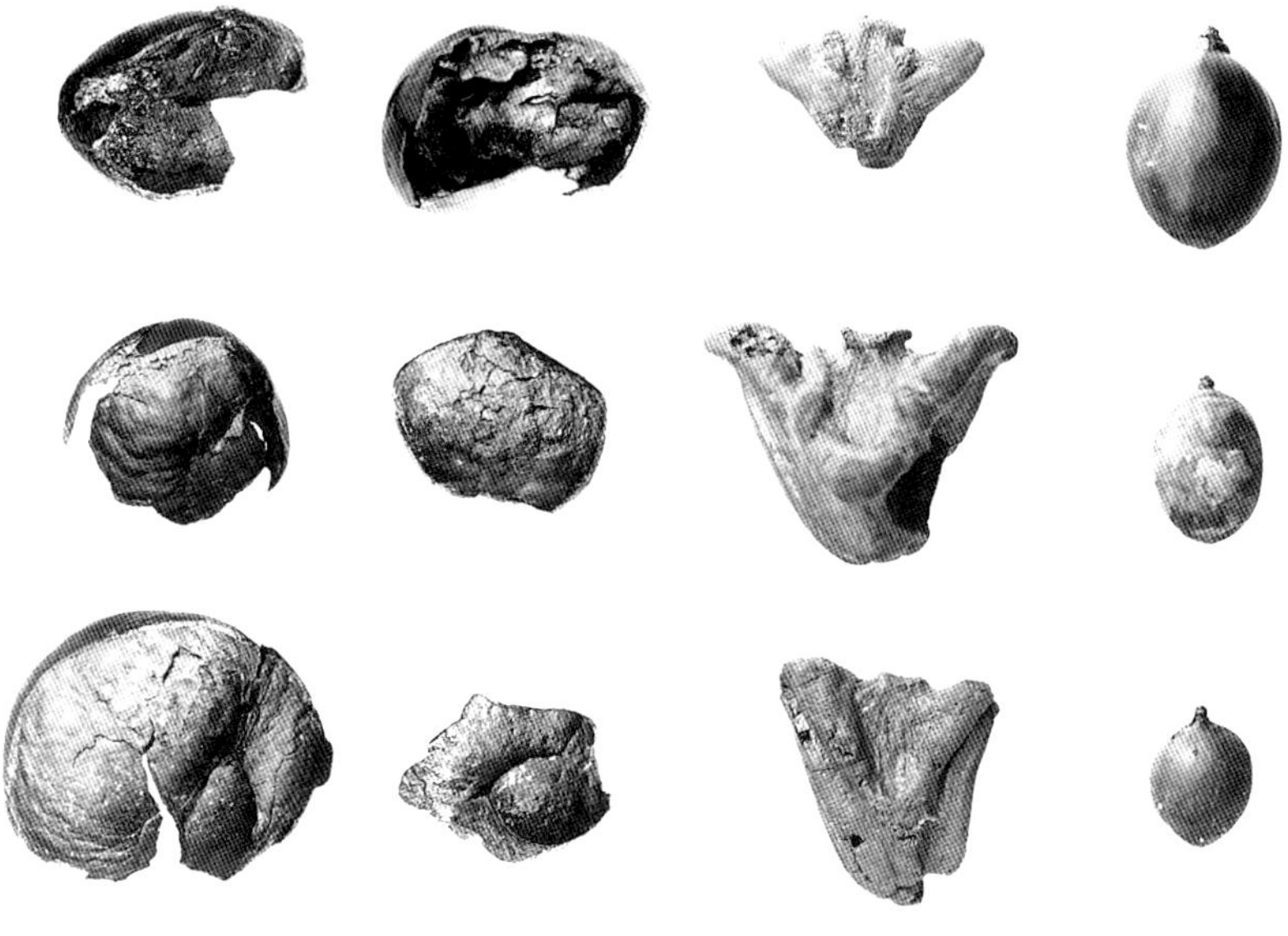

**図28 ● 出土した堅果類**
左2列がトチノキの種実、その隣がヒシ、右端はイチイガシ。トチの実を食べるにはアクを抜く必要がある。調理実験で試食したとき、アクが抜けきれておらず、ひどい便秘に苦しんだことがある。

ゴマ、ササゲ属、アワ近似種・ヒエ近似種・ヒョウタン仲間といったいわゆる栽培種も出土している。粟津縄文人は、秋の森に実る堅果類のデンプンに大きく頼りながらも、居住地周辺でちょっとした植物を小規模ながら栽培しつつ、日々の生活を営んでいた可能性がある。

## 粟津縄文人の食卓を復元

以上、食性復元のために、出土した食料残滓を種類ごとに分類し、その量や割合を明らかにしてみた。これだけも大きな成果だが、貝塚と低湿地をあわせもつ第三貝塚の場合、これはまだ基礎的なデータでしかない。動物遺存体と植物遺存体のそれぞれの成果を持ち寄り、これらを統合して整理しないかぎり、粟津縄文人の食卓の復元を徹底したことにはならない。

だが、この最後の過程は意外と難しい。たとえば、動物遺存体と植物遺存体では比重が大きく異なり、動物遺存体のほうが基本的には重い。だから、動・植物遺存体の出土量を「重量」で単純に比較したところで何の意味も生まれない。動物の割合のほうが不当に大きくなるに決まっているからだ。何か共通の枠組みのなかで、しかも食性を復元するのにふさわしい単位で割合を算出するのが望ましい。

この場合、もっともふさわしいのは栄養価だ。そこで第三貝塚でも各種の残滓から縄文人が摂取したカロリーを復元し、その割合から縄文人の食卓・食性を復元することにした。

これまでの基礎作業で、それぞれの動・植物遺存体の破片数が把握できている。この数値をもとにすると、それぞれの生物種ごとの個体数がなんとか推定できる。この値をAとしよう。

ポイントはここからだ。それぞれの生物種ごとに、食べられる部分と食べられない残滓の部分が存在するので、今度は、一つの残滓に対する食べられる部分の平均的な量を計算する。たとえばイノシシ一個体の平均な肉の量を算出する。あるいはイチイガシの実一個がもつデンプンの平均的な量を算出する。この生物種ごとの可食部分の平均値をBとしよう。

ここまで来ると後は比較的簡単だ。それぞれの生物種ごとにおけるBの一〇〇グラムあたりのカロリーはある程度知られているので、これをCとする。これに最初のAをかけ合わせ、生物種ごとの割合を算出すれば、カロリー比からみた粟津縄文人の食卓の割合が数値化できる。

少しややこしかったと思うが許していただき、このような手順を踏んで計算した結果はつぎのとおりだ（**図29**）。もっとも割合が多いのは植物質の食料で、全体の五二・四パーセントを占める。ついで多いのは魚介類で三六・七パーセントを占める。獣類の割合は一〇・九パーセントにすぎない。

このうち、魚類の遺存体は骨が脆弱で粉々になりやすい。だから、縄文人が廃棄してから私

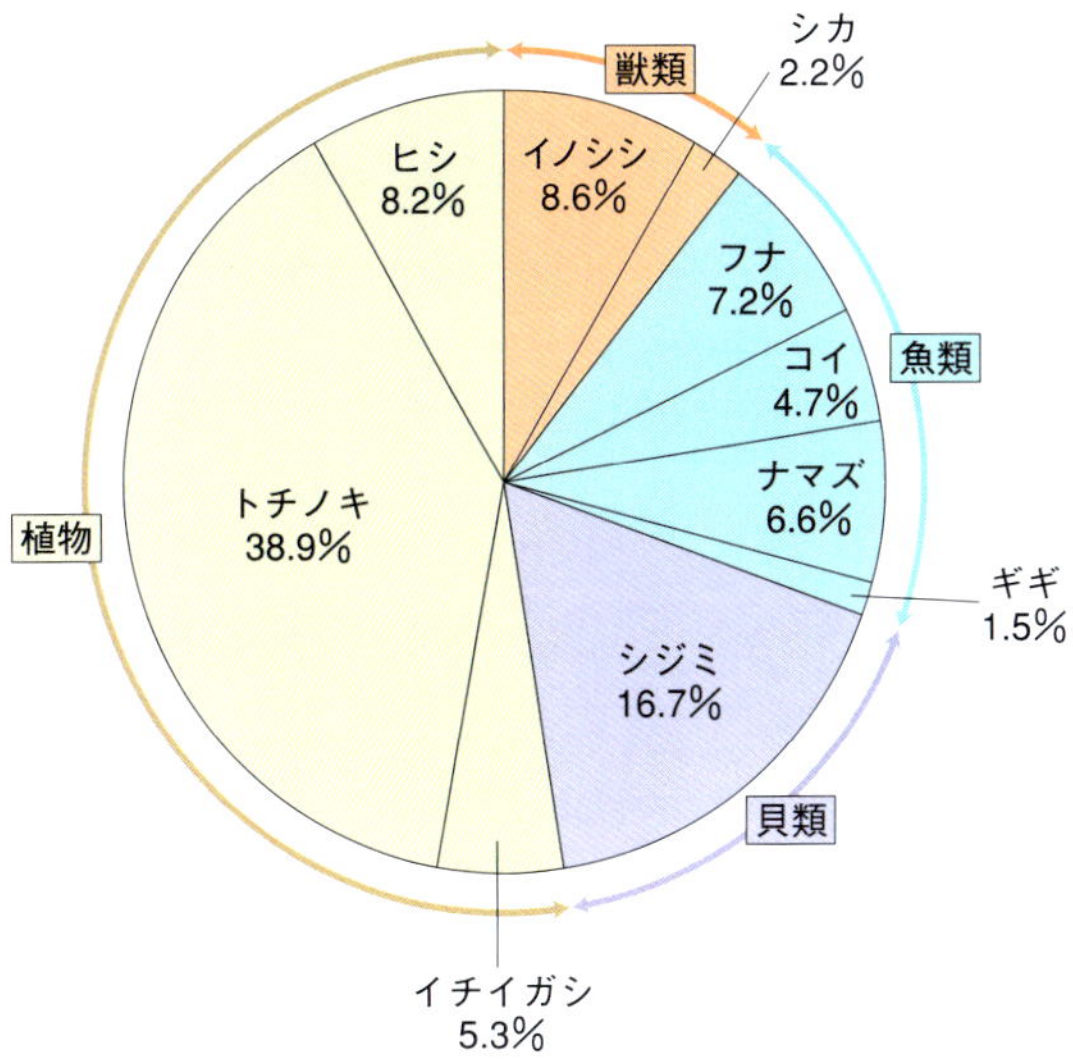


**図29 ● 粟津縄文人の食卓**
分析の結果、獣類10.9％（0.1％はイノシシ、シカ以外）、魚類20.0％、貝類16.7％、植物52.4％となった。当初の想像より、獣類の割合が少なく、植物や魚介類の割合が多いことがはっきりと判明した。

たちが回収・同定するまでの過程で、結構な量が失われている可能性もある。そう考えると、実際の割合は今回の推計結果よりも多いかもしれない。一方で、ほ乳類は大きくて堅い骨が多く、掘り漏らしたり、堆積物の水洗選別の過程でとり逃してしまう可能性は小さい。ただ、今回の推計では骨髄の栄養価を含めていないので、これを含めると実際の割合は推計結果より若干多くなるだろう。

ともあれ、この数値には驚く人がいるかもしれない。一般的に、縄文時代というと狩猟のイメージが大きいが、その割合は一〇パーセントにすぎなかった。むしろ、大半を占めるのは植物質を素材とする食料で、これが五〇パーセントを超えることは重要だ。植物質食料の重要性は専門家の間で指摘されてきたことだったが、今回の推計はその想定を具体的に裏付けた貴重な例といえるだろう。

## 3　粟津縄文人の四季の暮らしを復元する

### 貝殻に残る季節の痕跡

さて、第三の課題は「縄文人の季節性の復元」であった。すでに述べたように、第三貝塚は純貝層、純植物層、砂層、そして貝と砂が混じった混砂貝層で構成され、純貝層と純植物層は互いに混じりあうことなく堆積していた（図30）。ポイントはここだ。貝の廃棄と植物の廃棄のタイミング（季節）は異なっており、そこから縄文人の季節性を復元できる可能性が指摘されたのである。

木の実が結実し食料として利用できるようになるのは、秋から冬の前半である。したがって、その食料残滓が堆積する季節もまた、そのころになる可能性がある。一方で、秋から冬に冷たい琵琶湖に入るのは少しつらい。だから、セタシジミの採捕季節は春から夏で、その残滓が純貝層として堆積する季節もまた、そのころになる可能性がある。

このような可能性を証明する方策として、たとえば堆積していた貝殻のなかの微細な痕跡や、イノシシなどの歯の萌出状況から分析する方法が知られていた。私たちにそのノウハウはまったくなかったが、仮説の検証のために試行錯誤をはじめた。

まず最初に着手したのは「貝殻成長線分析」だ。貝殻の縦断面を顕微鏡で観察すると、木の年輪のような線が観察される。この線は貝の成長にともなって一日一本形成されるといわれている（図31）。

ポイントは、この成長線の間隔が

図30 ● 第3貝塚の堆積状況
奥にみえる層が古く、手前にむかって堆積が進んでいた。黒くみえる縞が純植物層である。純貝層と純植物層が混じらずに、交互に順序よく堆積していたことが観察できる。

季節によって変わるところだ。暖かい季節だと貝が成長する速度は早くなり、結果として成長線の間隔は広くなる。逆に、寒い日が続くと成長が鈍るので成長線の間隔は狭くなる。厳冬期だと線自体が形成されていないようにみえたりするので、この間隔が密集した部分を「冬輪」とよぶ。この冬輪から最後の成長線までの本数を数えていくと、だいたい何月何日ごろ、その貝が採集され、死亡したのかが推定できる。このような仕組みで、過去の生業スケジュールを復元していく方法が貝殻成長線分析である。

この分析方法は、主に東日本の貝塚の調査・研究で良好な実績を積んでいた。ただし、その分析は海水産のハマグリやアサリ、汽水産のヤマトシジミを対象としたものだった。第三貝塚で実施するならば、出土貝の大半を占める淡水産のセタシジミが対象になるが、ここに大きな問題があった。これまで研究実績のある海水産・汽水産の貝類とセタシジミとでは生態が異なる。そのため分析の前提となる基礎データから、私たちは新たに構築する必要があった。

もっとも重要な基礎データは、淡水産のセタシジミにおける成長線の形成の実態である。たとえば、ハマグリ・アサリ・ヤマト

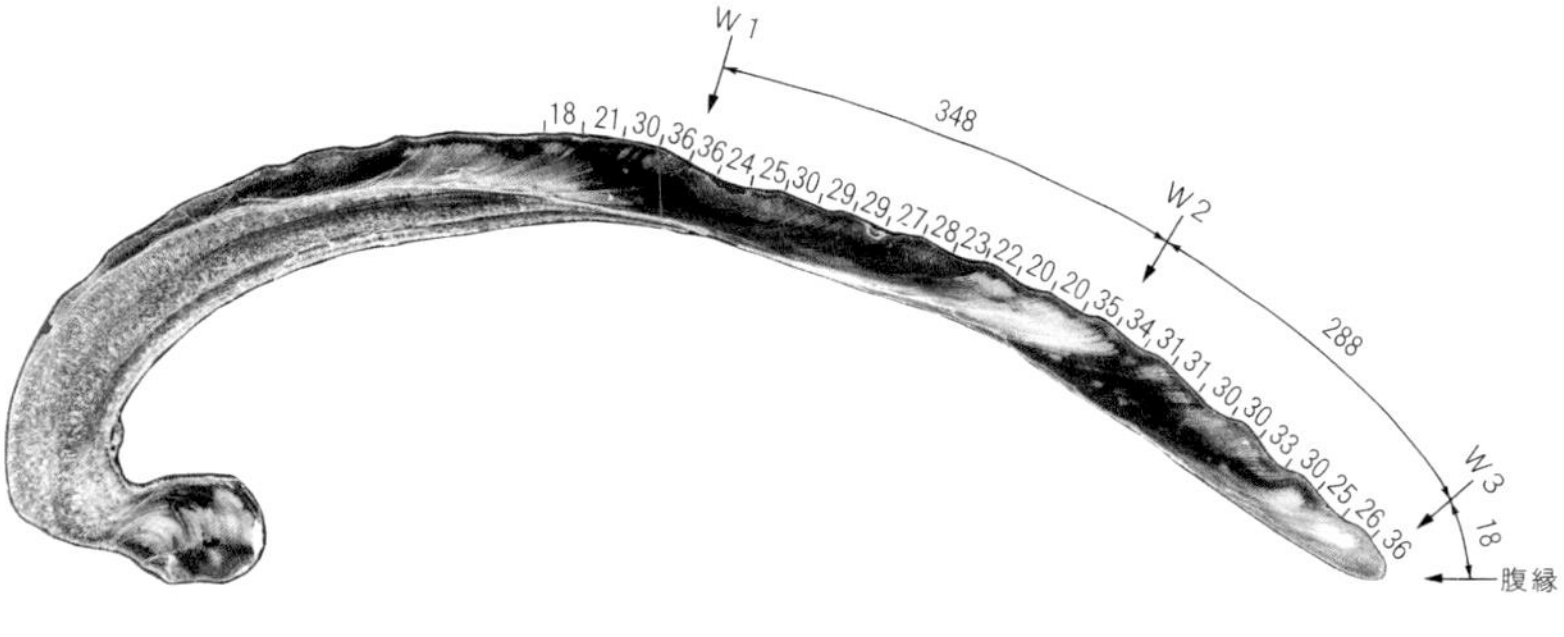


**図31 ● セタシジミの断面と成長線**
貝殻を縦に裁断して観察する。非常に細かい線が成長線である。W1・2・3が毎年2月中旬ごろに形成されていた「冬輪」である。観察の結果、この貝は3年モノで、最終的には3月30日ごろに採捕されている。

シジミは日々の干満の影響を受けながら暮らすが、淡水に干満はない。それでも一日一本の成長線を形成するのだろうか。セタシジミでも水温によって成長線の間隔は変わるのか。もし変わるなら、冬輪は一年のなかでいつごろに形成されるのだろう。いずれもはっきり解明しておく必要があるけれど、そんなことは誰も知らなかった。そこで、私たちは現生のセタシジミの放流実験をまずおこなった。そして、成長線の形成過程を把握して、その結果をもとに第三貝塚出土試料の採取季節を推定することにした。

## 放流実験の開始

貝殻成長線分析を担当したのは今江である。彼女がまず着手したのは、現在のセタシジミの成長線を数え、一年間に形成される成長線の数を確認することだった。

成長線は貝殻を縦に切断した断面で観察するが、観察のためにはプレパラートにする必要がある。プレパラートをつくるには、①貝殻を縦に切断、②切断面を研磨、③研磨面に希塩酸をかけて脱灰、④脱灰した研磨面に酢酸メチルをかけて溶かし、⑤溶けた研磨面のレプリカをフィルムに転写、⑥転写したフィルムをプレパラートに貼り付ける、といった手順が必要になる。

今江は、このようにしてできたプレパラートを四〇～二〇〇倍の生物顕微鏡で観察した（図32）。そして、成長線の幅が狭く、一本一本の成長線が区別できなくなる部分をまず冬輪とした。前の冬輪と冬輪の間の成長線を数えると、平均本数は二八五本だった。成長線は一日に一本ずつ形成されると仮定すると、年間日数の三六五日とは八〇日の差があることになる。過去三〇年間のデータをみると、琵琶湖の最低水温が記録されるのは二月一二日だから、この日を中心とする前後四〇日間が成長停滞期間、つまり冬輪の形成期間だと推定できたことになる。

つぎの課題は、本当に一日に一本ずつ成長線は形成されるのか、といった点の確認だった。そのため滋賀県水産試験場にかけあい、その敷地内にあるコンクリート製の人工池に一万二〇〇〇個のセタシジミを放流した。人工池には琵琶湖の湖水が絶えず導入されているので、水温などの条件は琵琶湖とほぼ同じである。

放流開始から約一年後、六月一七日から毎月一〇個体ずつ人工池からセタシジミを採捕し、一点ずつ最終冬輪から何本の成長線が形成されているかをコツコツと数えた。その結果、やはりセタシジミの成長線は一日に一本ずつ形成されること、現在のセタシジミは二月一二日を前後する四〇日に冬輪形成期間があり、春分の日あたりから成長線を一本ずつその身に残しはじめることが確認できた。今江は、貝類の専門家さえ知らなかった事実を明らかにしたのである。

**図32 ● 成長線をカウントする**
生物顕微鏡を毎日のぞき、コツコツと成長線を数える日々が続いた。写真は今江にノウハウを教えてくれた徳永園子さん。

## レンズのむこうにみえたもの

このような基礎作業を終え、とうとう今江は第三貝塚に堆積していたセタシジミの成長線を数えはじめた。せっかくプレパラートをつくっても、なかには見た目と違って状態の良くないものも含まれるので、無事に成長線を数えることができたのは一七九点である。これらをコツコツ観察した結果、つぎのような興味深い事実が浮かび上がってきた。

その一つは、現代と縄文時代中期の湖水温の差である。現代のセタシジミの冬輪形成期間は八〇日であることを今江は突き止めていた。同様に第三貝塚のセタシジミの成長線を数えてみると、冬輪の形成期間は五五日しかないことが判明した。この場合、セタシジミはいまより二週間ほど早い三月上旬から成長線を新たに刻みはじめていたことになる。すでに古環境の復原研究で、縄文時代中期の前半ごろは現在よりも暖かかったと推定されていたが、今江の成果はそれを裏付けるものになった。

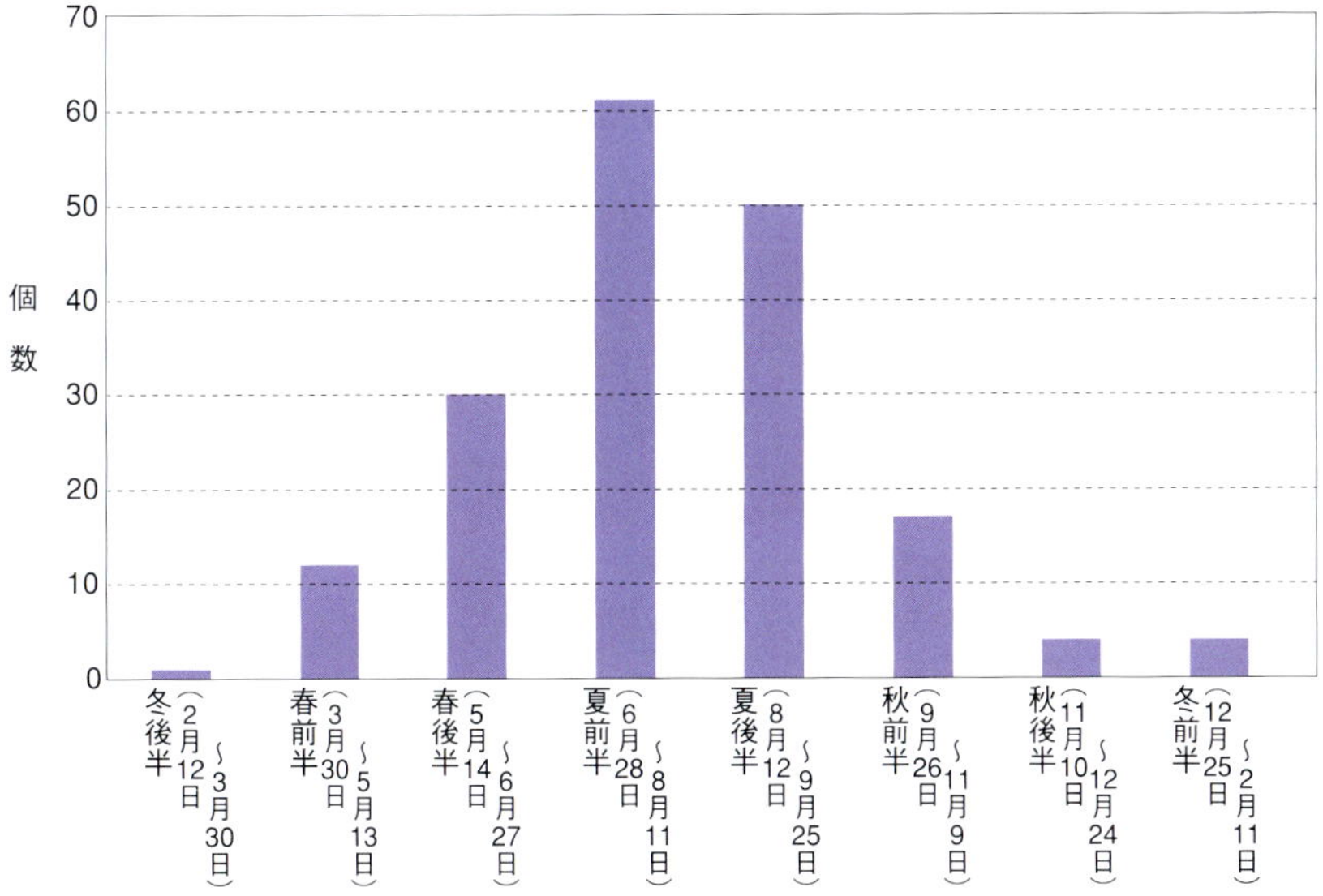


**図33 • 貝殻成長線分析から見た採捕季節**
5月中旬から9月下旬が採捕季節のピークだったことがわかる。

もう一つは、セタシジミの採捕季節の傾向である。これこそが成長線分析の最大の目的だ。集計の結果、セタシジミの推定死亡日は、七月から九月に多いことがわかった（図33）。この期間に死亡したと推定される試料の比率は全体の六二パーセントを占め、さらにその前後の一カ月半を含めると八三・三パーセントがこの期間に採られていたことが判明した。それにくらべて、冬季を中心とする時期に採られた例はほとんどないことも重要な所見となった。

この二つの事実はいずれも興味深いが、とくに二つめの傾向はとても重要な成果だった。純植物層は秋から冬ごろにかけて堆積し、純貝層は春から夏ごろにかけて堆積したとする仮説を立てていたが、今江の努力はこの仮説を見事に裏付けたことになる。粟津縄文人の季節性を読み解いていくための重厚な基盤がとうとう構築できたのである。

## イノシシの歯から季節を読む

貝殻成長線のほかにも、縄文人の季節性を推定していく方法はいくつかある。その一つはイノシシの歯の萌出状況の分析である。ヒトの赤ん坊の歯は成長とともに生えそろっていく。その過程にはある程度のパターンがある。同様に、イノシシの幼い個体にも成長とともに歯が生えそろっていくパターンがある。加えてイノシシの場合は出産する季節がほぼ定まっているので、歯の萌出状況でおおよその死亡季節が推定できることになる。

新見倫子さん（名古屋大学博物館准教授）はこのような考えをもとに、出土したイノシシの下顎を観察して歯の萌出状況を細かく設定し、死亡季節の明らかな現代のイノシシと対比した。結果、生後三回目の冬までに第三後臼歯とよばれる奥歯の萌出が完了すること、それまでの幼獣と若獣ならば、後臼歯の萌出状況によって死亡季節の査定が可能であることを突きとめた。そして、愛知県の伊川津《いかわづ》遺跡から出土したイノシシの下顎の骨と比較観察し、伊川津の場合、イノシシの捕獲は冬に多いものの、年中おこなわれていたことを明らかにしていた。

私たちが調査した第三貝塚でも、イノシシは若獣が多いので、新見さんの研究を応用すれば捕獲時期の傾向を知ることができる。そこで内山純蔵さんが中心となってその分析を試みたところ、だいたい冬を前後する時期に捕獲されていたこと、伊川津遺跡よりもイノシシの捕獲はさらに周年にわたって分散する傾向が強いことなどが推定できた。つまり粟津縄文人は、冬場にイノシシを捕獲していたけれど、チャンスがあればどの季節でも狩っていたということができるだろう。

## 生態からみた漁労の季節

最後に、漁労活動の季節性も検討してみよう。ポイントになるのは、出土した魚たちの生態である。これらの多くは季節によって生息域を大きく変え、ヒトとの距離感がずいぶん変わるからだ（図34）。

第三貝塚からもっとも多く出土した魚はフナ属である。これらは、春から夏になると、産卵のために岸に近い浅い水草地帯へ大挙して押し寄せるけれど、秋から冬にかけては沖合や水深一〇～四〇メートルの深場で生息している。

第三貝塚が形成された縄文中期のはじめごろの西日本では、丸木舟や釣り針がまだ普及していない。だから、秋から冬にかけてのフナ属の多くは、陸上で肺呼吸しているヒトにとって、じつは手が届きにくい高嶺の花だ。

ところが、春から夏になると、ゲンゴロウブナもニゴロブナも産卵のために岸辺の水草地帯、つまりヒトが住む陸域へと大挙して押し寄せて来てくれる。コイ・ウグイ・ハス・ワタカ・ニゴイなども同様である。第三貝塚からは漁網の錘がたくさん出土していることも考えあわせると、粟津縄文人は大挙して押し寄せてきたこれらの魚を一網打尽にしていた可能性がある。

このような仮説は、その後、琵琶湖周辺の各遺跡でも確認され、たとえば縄文時代早期後葉の守山市赤野井湾《あかのいわん》遺跡や米原市入江内湖《いりえないこ》遺跡でも同じような傾向が指摘されている。

## 粟津縄文人の四季

以上をまとめてみよう（図35）。山々の雪が溶け、野に

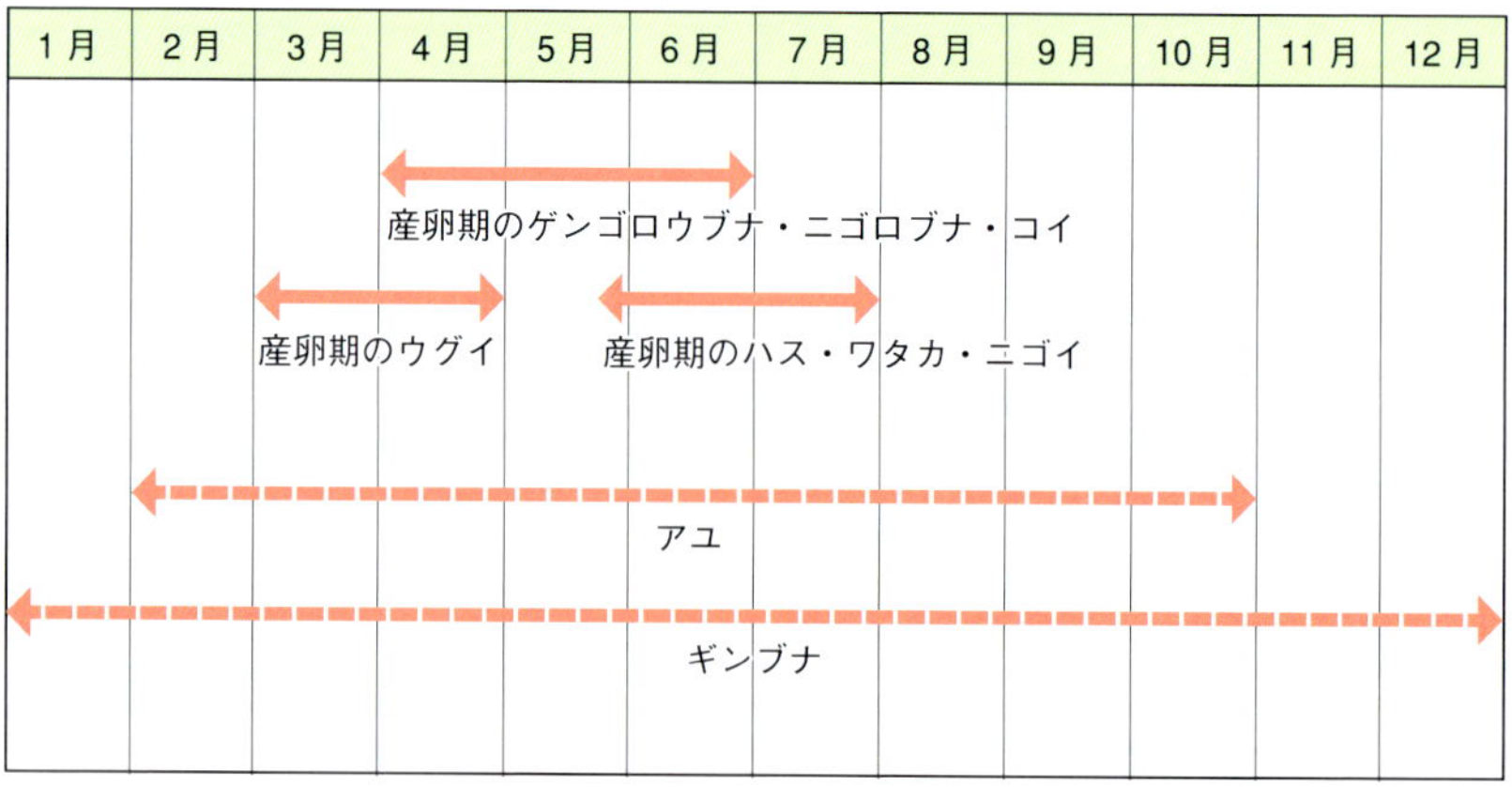


図34 ● 琵琶湖の魚類の接岸時期
アユやギンブナは一年をとおして沿岸の浅瀬に生息するが、出土した多くの魚は深場や沖合で生息し、産卵期に浅瀬へ大挙して押し寄せる。

花咲きほころぶ春、粟津縄文人たちの魚捕りがはじまる。産卵のために岸辺に押し寄せてきたウグイやフナ、コイを彼らは一網打尽にしていた。ぬるみはじめた湖の岸辺では、秋口まで盛んにセタシジミを採り、土器で湯がいては剝き身をとり出していた。

野山が紅く染まりはじめる秋、湖のヒシの実を集め終えた人びとの目は、森へと移ろう。トチの実にはじまり、オニグルミ・クリを拾い集め、そして晩秋のイチイガシの森で最後の収穫を終える。

山の頂が白くなるころ、機会があれば狙っていたイノシシやシカの猟に力を入れ直し、木の実の料理で暖まりながら、野に花咲きほころぶ春を待つ。

以上が第三の課題、とくに生業面に焦点を当てた粟津縄文人の四季の復元である。

次章では、第三貝塚が示唆してくれたものを咀嚼《そしゃく》しながら、他の多くの遺跡からみえる現象も考えあわせ、琵琶湖周辺の縄文文化とその移ろいを読み解いてみよう。

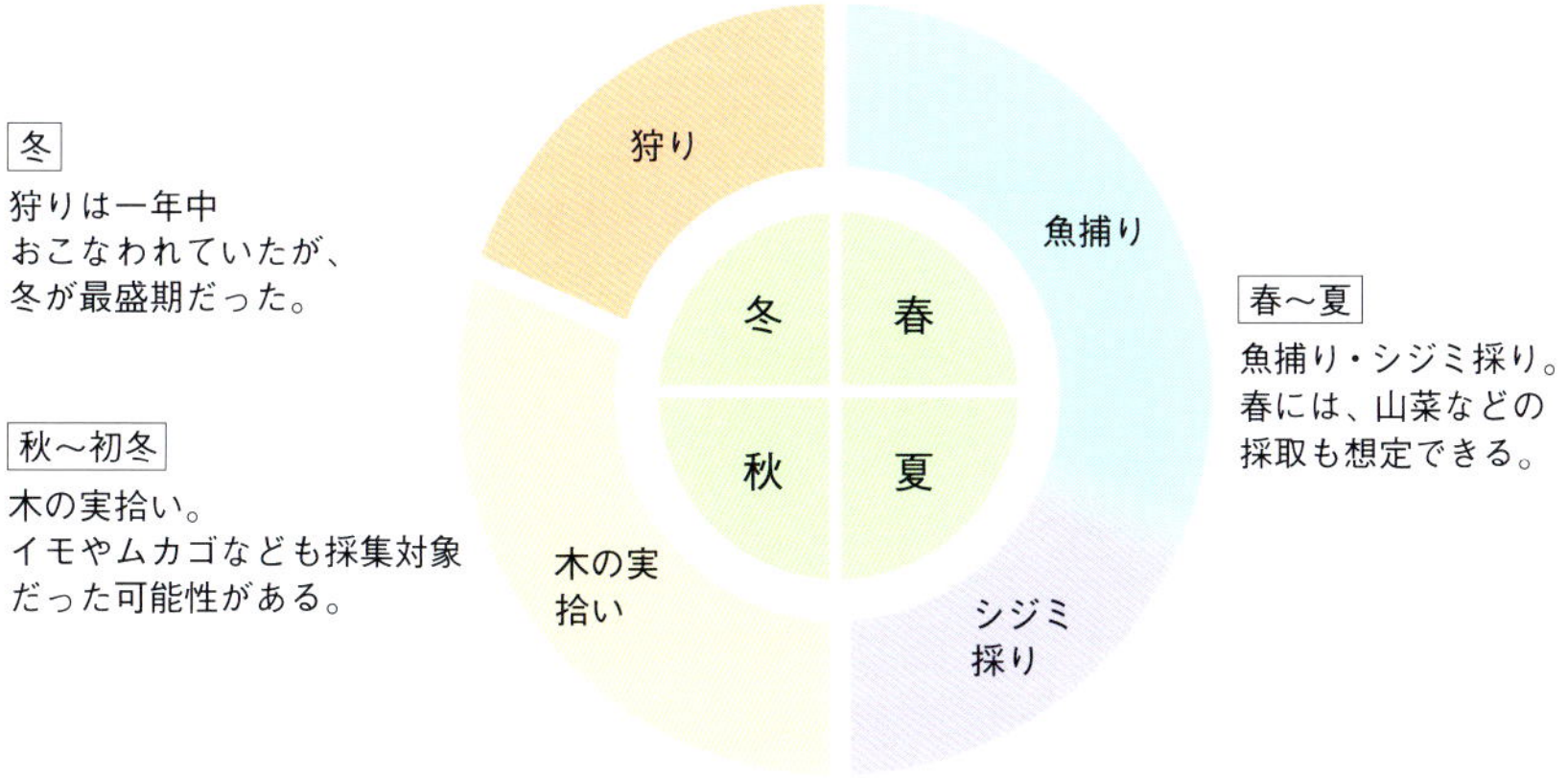
冬
狩りは一年中
おこなわれていたが、
冬が最盛期だった。
秋～初冬
木の実拾い。
イモやムカゴなども採集対象
だった可能性がある。
狩り
魚捕り
冬
春
秋
夏
木の実
拾い
シジミ
採り
春～夏
魚捕り・シジミ採り。
春には、山菜などの
採取も想定できる。

**図35 ● 粟津縄文人の生業カレンダー**
これまでも状況証拠などから同様なカレンダーは推定されていたが、
第３貝塚の調査では確実な証拠から推定を裏付けることができた。

# 第4章　琵琶湖縄文人の定住戦略

## 1　琵琶湖縄文人の開拓史

### 縄文文化研究の定点

第三貝塚の調査で明らかにできた重要事項は二つある。一つは、縄文人の食卓の内訳だ。木の実と魚介類を中心とする食料資源で構成されていたことが判明した。そしてもう一つは、彼らの暮らしの季節性である。春〜夏は魚介類などの水産資源を利用し、秋〜冬は木の実などの森林資源を利用していたということが明らかにできた。

これらは従来からの研究でも推定され、あるいは福井県の鳥浜貝塚の調査で指摘されつつあった事項だが、はじめてこれを本格的・徹底的に検証した事例として、粟津湖底遺跡は今後も評価されていくだろう。縄文文化を理解していく一つの「定点」を私たちは得ることができたのである。そこで、この貴重な定点を活用し、これまでの琵琶湖周辺での遺跡調査と研究の成果を踏まえて、縄文人がいかに琵琶湖とむきあい、歴史を培ってきたか、いわば琵琶湖縄文人の開拓史というものを私なりに探ってみたい。

## 琵琶湖周辺の食料資源環境

まず手はじめに、縄文時代の主食料が木の実と魚介類だったという点を重視したうえで、琵琶湖周辺地域の食料資源環境を整理してみよう。

それは二つの観点から整理する必要がある。一つは地形であり、いま一つはその地形の組み合わせである。というのも、地形ごとに資源環境は異なるが、複数の地形が密接するとそれだけ多様な資源環境が生まれるからだ。縄文人の工夫を読みとろうとするとき、私たちは単体としての地形と、その組み合わせとしての景観に目を配る必要がある。

琵琶湖周辺の地形は、大きく分けて三つに区分できる。第一は「沿岸部」だ。ここは、琵琶湖の豊富な水産資源を利用しやすい環境といえる。とくに春〜夏の産卵期には大挙して魚が押し寄せ、これを一網打尽できる機会に恵まれる。ただ、水がつきやすいために堅果類の繁茂は期待しにくい。したがって、秋の恵みには比較的乏しい傾向にある。

「扇状地・山間部」は森林地帯が広がるエリアだ。秋〜初冬には大量の木の実が得られる。河川の水産資源も利用可能だが、生息種と生息量は沿岸部にくらべると格段に少ない。また素早く動きまわる種が多いために獲得しにくい。秋〜初冬以外は食料資源の獲得が課題となる。

「氾濫平野」は、自然堤防と氾濫原で構成される。森林の分布は自然堤防上に限られ、扇状地・山間部にくらべると秋の恵みは乏しい。また、大挙して魚類が押し寄せる機会もないので、沿岸部にくらべると春～夏の恵みも乏しい。

これらの地形の組み合わせを景観とよんだとき、そのあり方にはA・Bの二タイプが設けられる。

景観Aは、沿岸部と山間部が

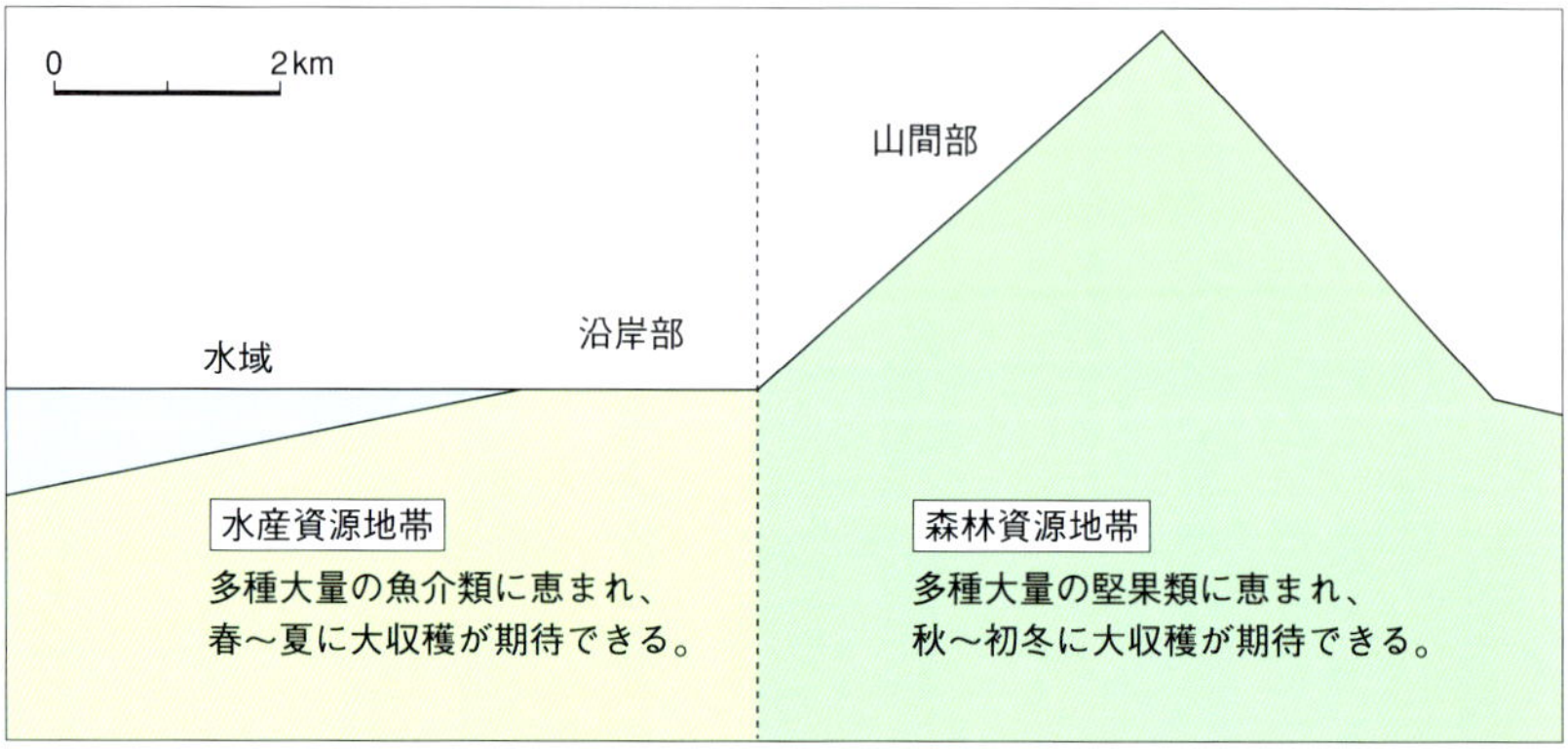

0
2km
山間部
沿岸部
水域
水産資源地帯
多種大量の魚介類に恵まれ、
春～夏に大収穫が期待できる。
森林資源地帯
多種大量の堅果類に恵まれ、
秋～初冬に大収穫が期待できる。

**図36 ● 景観Aの模式図**
沿岸部と山間部が密接する。春～夏に収穫が期待できる水産資源地帯と、秋～初冬に収穫が期待できる森林資源地帯が複合し、季節的な補完関係が保たれているので、１年を通して食料資源量の季節的変化が少ない。

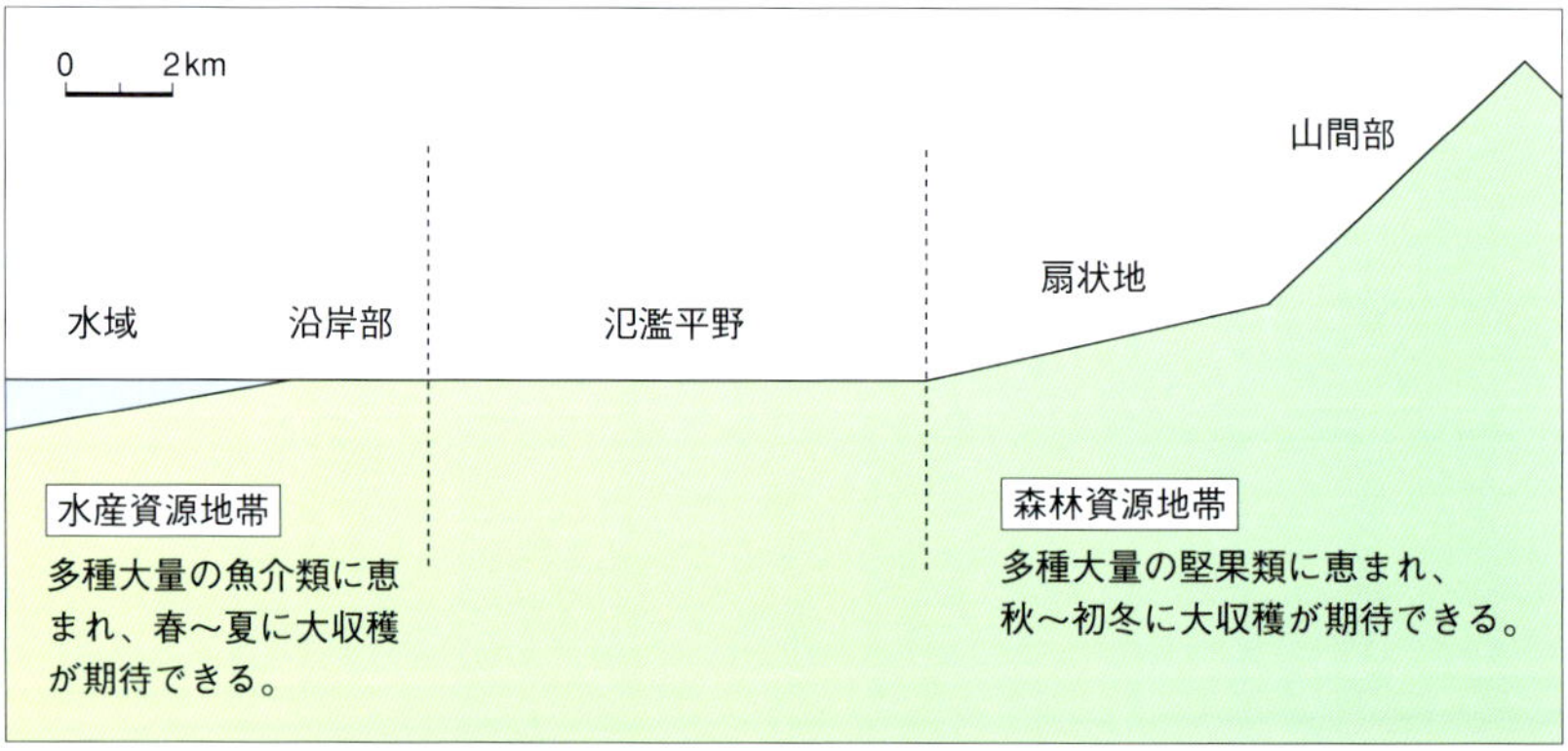

0
2km
山間部
扇状地
水域
沿岸部
氾濫平野
水産資源地帯
多種大量の魚介類に恵まれ、春～夏に大収穫が期待できる。
森林資源地帯
多種大量の堅果類に恵まれ、
秋～初冬に大収穫が期待できる。

**図37 ● 景観Bの模式図**
沿岸部の水産資源地帯と、扇状地・山間部の森林資源地帯の間に、資源の種類・数量がより乏しい氾濫平野が挟まる。森林資源地帯と水産資源地帯の季節的な補完関係が断ち切られているので、どの地形に集落を構えたとしても食料欠乏期を迎えてしまう可能性にさらされる。

密接した景観だ（図36）。その特徴は、一年を通して食料資源に恵まれる点である。春～夏は目前の浅瀬に押し寄せてきた魚類が利用でき、秋～初冬には背後の山間部の木の実が利用できる。

景観Bは、沿岸部と山間部が密接しない。その間に広大な氾濫平野がはさまる景観である（図37）。琵琶湖周辺で主体を占める景観は、じつはこちらである。景観Bの特徴は、食料資源が欠乏する季節がある点だ。たとえば森林地帯から遠く離れた沿岸部では、秋～冬の食料を維持しにくい。また、沿岸部から遠く離れた森林地帯では春～夏の食料資源が維持しにくい。

## 初期定住者のエコロジー

以上のような地形と景観の分布のなかで、縄文人はどのような工夫を凝らして暮らしていたのだろうか。これを明らかにするために、遺跡立地の変化を分析すると、三つの段階を読みとることができる（図38）。

第一段階（縄文早期前葉・中葉）は、広い近江盆地

| 段階 | 時代 | | 景観A 沿岸部＋山間部 | % | 景観B 沿岸部 | % | 氾濫平野（□）扇状地（■） | % | 山間部 | % | 数 | |
|---|---|---|---|---|---|---|---|---|---|---|---|---|
| 1 | 早期 | 前葉 | ■■■■■■■■■■ | 100 | | 0 | | 0 | | 0 | 8 | 9000年前 |
| | | 中葉 | ■■■■■■■■ | 77 | | 0 | | 10 | ■■ | 23 | 13 | |
| 2 | 早期 | 後葉 | ■■■■■■ | 56 | ■■ | 22 | ■■ | 17 | ■ | 6 | 18 | 6300年前 |
| | 前期 | 前葉 | ■■■■■■ | 58 | ■■■ | 25 | ■■ | 17 | | 0 | 12 | |
| | | 中葉 | ■■■■■■ | 63 | ■■ | 19 | ■■ | 19 | | 0 | 16 | |
| | | 後葉 | ■■■■■■■ | 63 | ■■■ | 31 | ■ | 6 | | 0 | 16 | |
| | 中期 | 前葉 | ■■■■■ | 47 | ■■ | 20 | □■ | 27 | ■ | 7 | 15 | |
| | | 中葉 | ■■■■■■ | 63 | ■ | 11 | □■ | 21 | ■ | 5 | 19 | |
| 3 | 中期 | 後葉 | ■■■ | 33 | ■ | 11 | □□□■■ | 49 | ■ | 7 | 45 | 4000年前 |
| | 後期 | 前葉 | ■■■■ | 38 | ■ | 12 | □□■■ | 44 | ■ | 6 | 50 | |
| | | 中葉 | ■■■ | 27 | ■■ | 23 | □□■■ | 41 | ■ | 9 | 22 | |
| | | 後葉 | ■■■ | 33 | ■■ | 21 | □□■■ | 38 | ■ | 8 | 24 | |
| | 晩期 | 前半 | ■■ | 20 | ■■ | 20 | □□□■■■ | 55 | ■ | 5 | 20 | |
| | | 後半 | ■■ | 18 | ■ | 10 | □□□■■■■ | 72 | | 1 | 102 | |

図38●琵琶湖周辺における遺跡立地の変化
6300年前以降は景観Bへ遺跡の分布が広がり、4000年前には、とくに氾濫平野・扇状地の割合が高まっている。

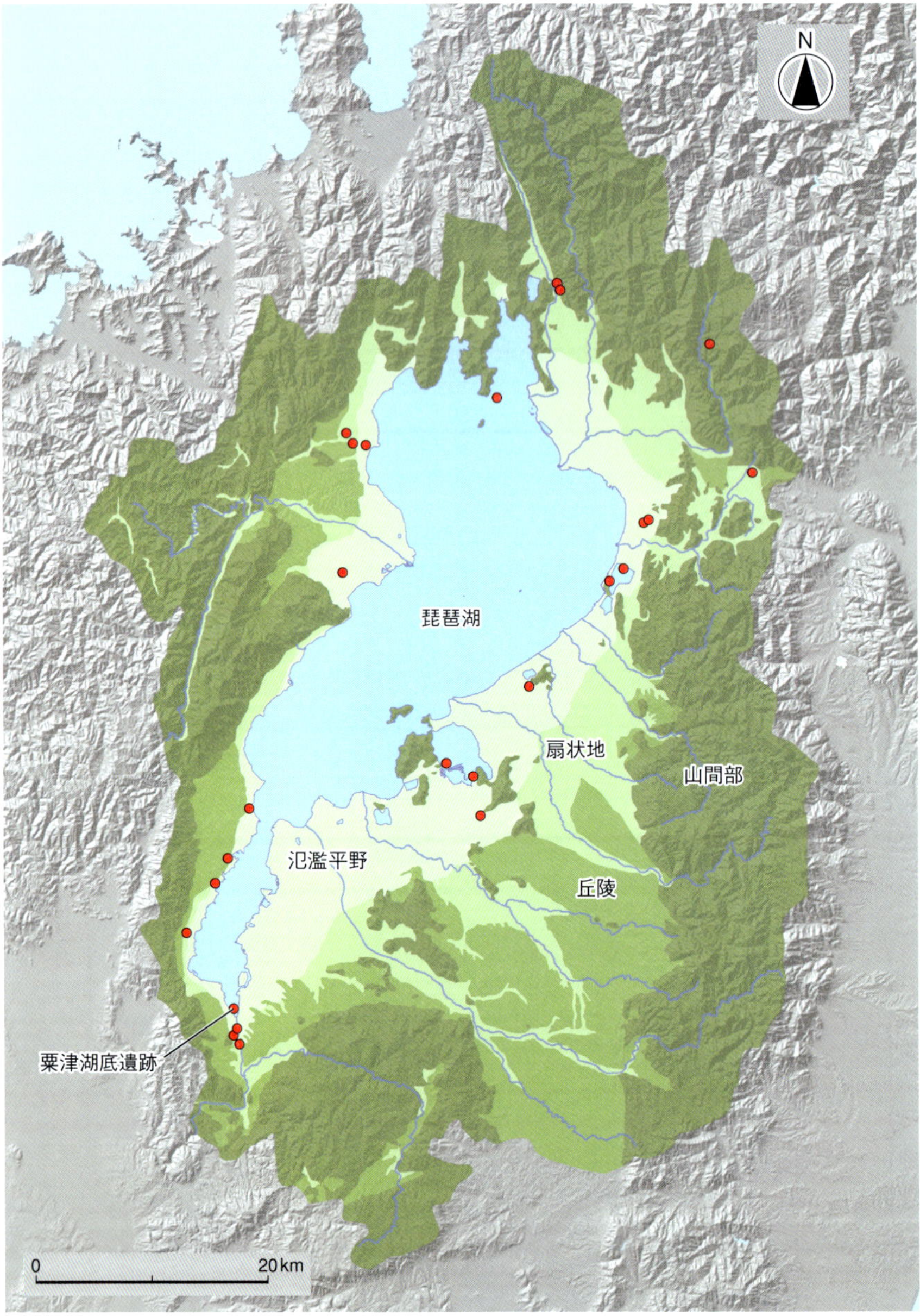


**図39 ● 第1段階（縄文早期前葉・中葉）の遺跡分布**
赤丸が遺跡。大半の遺跡が、水産資源地帯と森林資源地帯が密接に複合した景観Aに分布する。

のなかで、ほとんどの遺跡が景観Ａに集中する段階である。第二段階（縄文早期後葉～中期中葉）は、ほとんどの遺跡が景観Ａに立地するけれども、景観Ｂにも分布が広がりはじめた段階である。第三段階（縄文中期後葉～晩期後半）は、景観ＡとＢのウエイトが逆転し、景観Ｂに立地する遺跡の割合が一気に倍増し、近江盆地のあちこちに居住地を拡散させた段階である。

なお、この展開過程において重要なのは、景観Ａの利用が途中で絶えているわけではないことだ。そのまま利用されつつ景観Ｂにも適応地を広げている。したがって、利用戦略を転換させたというよりは、利用戦略の選択肢を増やしていったというのが実情だろう。

ともあれ、第一段階初頭の縄文早期前葉は、ほぼすべての遺跡が景観Ａに集中している（**図39**）。この段階は、全国各地で遊動生活から定住生活へ移行しはじめる時期だとされている。琵琶湖縄文人の場合は、年間の食料資源が確保しやすい景観Ａに立地することで、初期の定住生活を可能にしていったといえよう（**図40**）。景観Ａの特性をうまく利用し、時代を変革しはじめたのである。

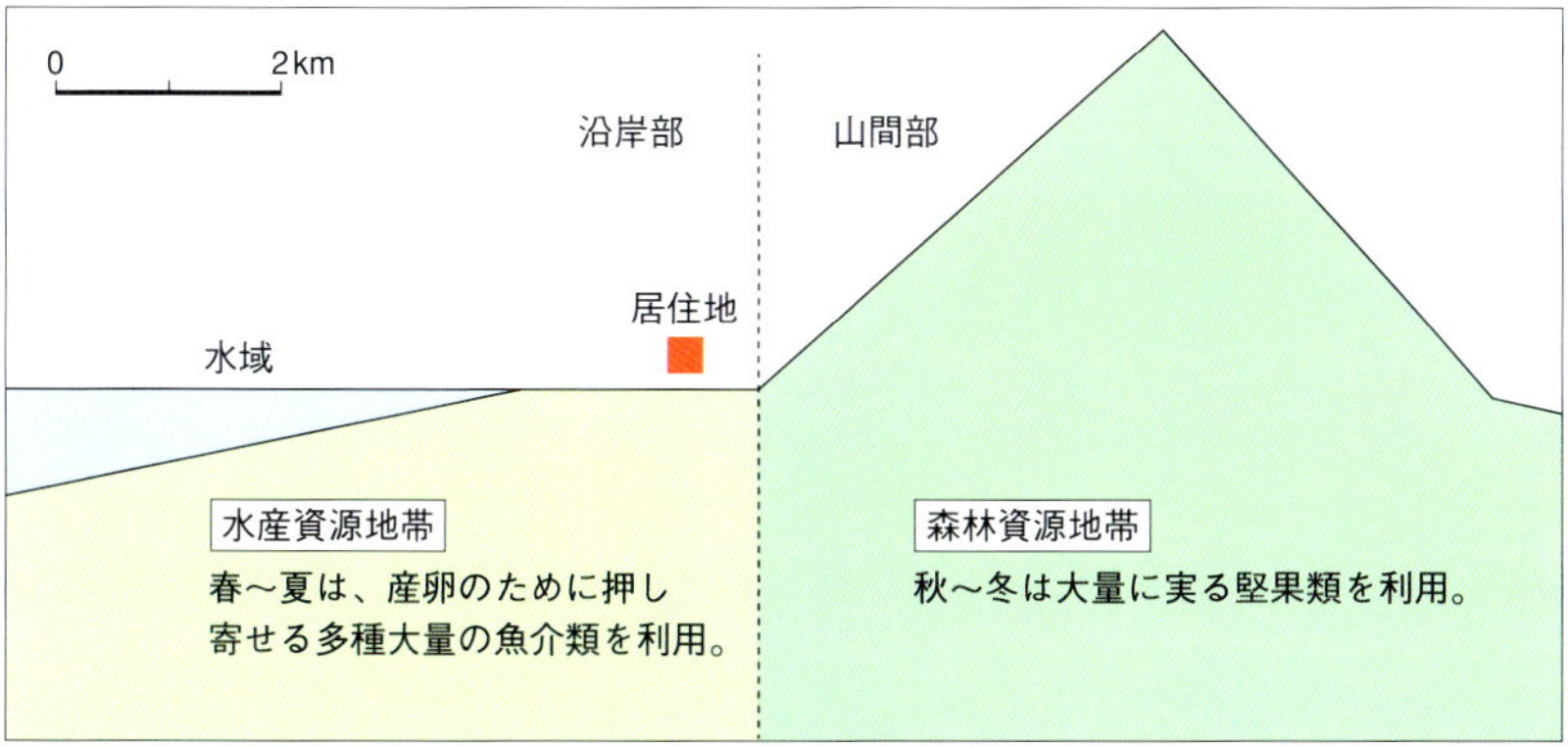
0
2km
沿岸部
山間部
居住地
水域
水産資源地帯
春～夏は、産卵のために押し寄せる多種大量の魚介類を利用。
森林資源地帯
秋～冬は大量に実る堅果類を利用。

**図40 ● 第１段階の景観Ａを利用する通年定住**
季節的変化のタイミングが異なる食料資源が密接に分布する
景観Ａのメリットを活用し、通年的に定住する。

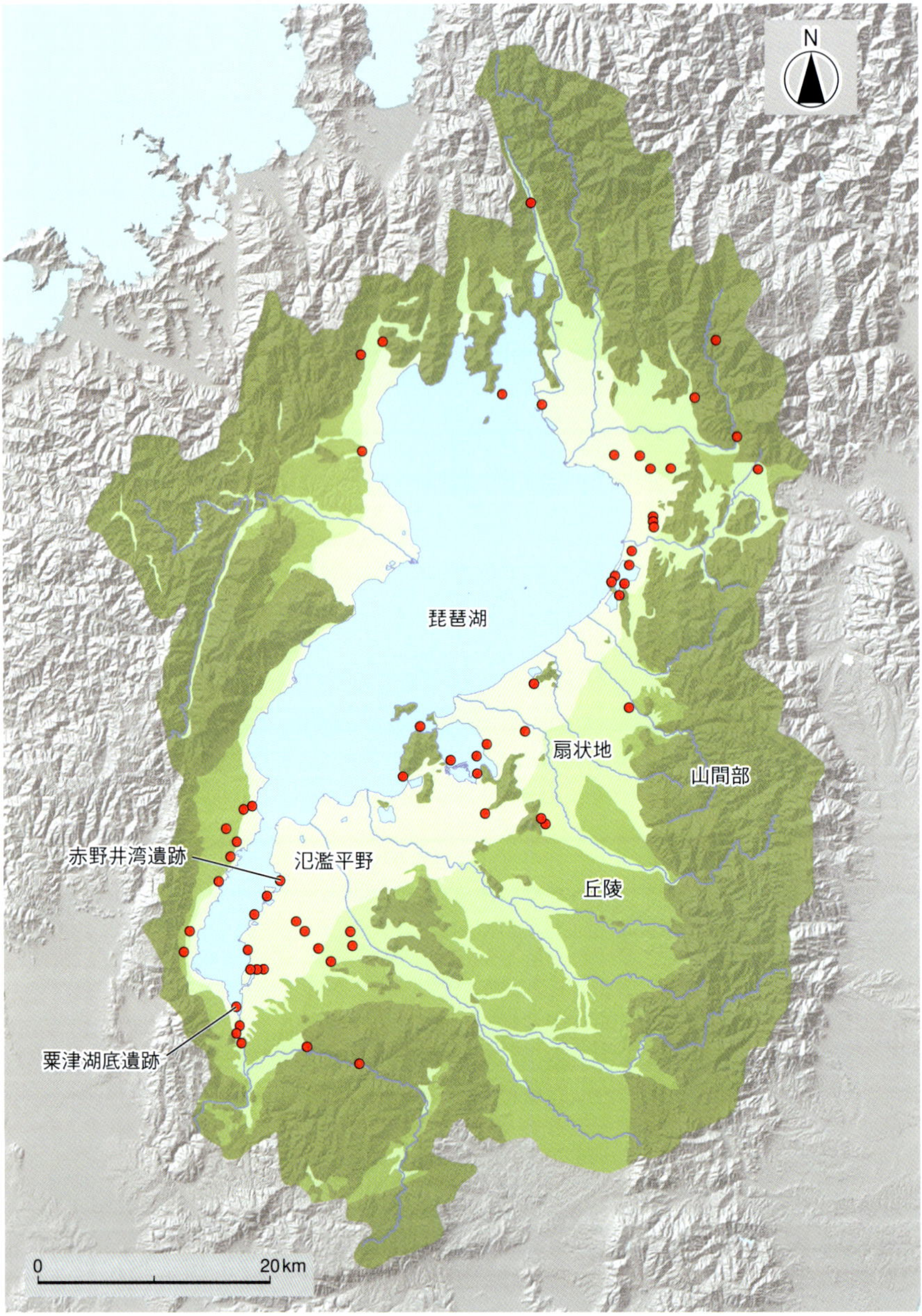


**図41 ● 第2段階（縄文早期後葉〜中期中葉）の遺跡分布**
内陸部の扇状地で遺跡が目立ちはじめるが、沿岸部と山間部が密接する景観Aの割合がまだ多い。

## もう一つの定住と四〇〇〇年前のビッグバン

第二段階には景観Bへの展開が顕在化する（**図41**）。この景観で暮らしていくには何らかの工夫が必要だ。食料資源の量が季節的に大きく低減するからである。

その方法の一つは貯蔵だが、その可能性は低い。たとえば、関西地方における木の実の貯蔵量の動向を遺構から推察すると、第二段階の値は

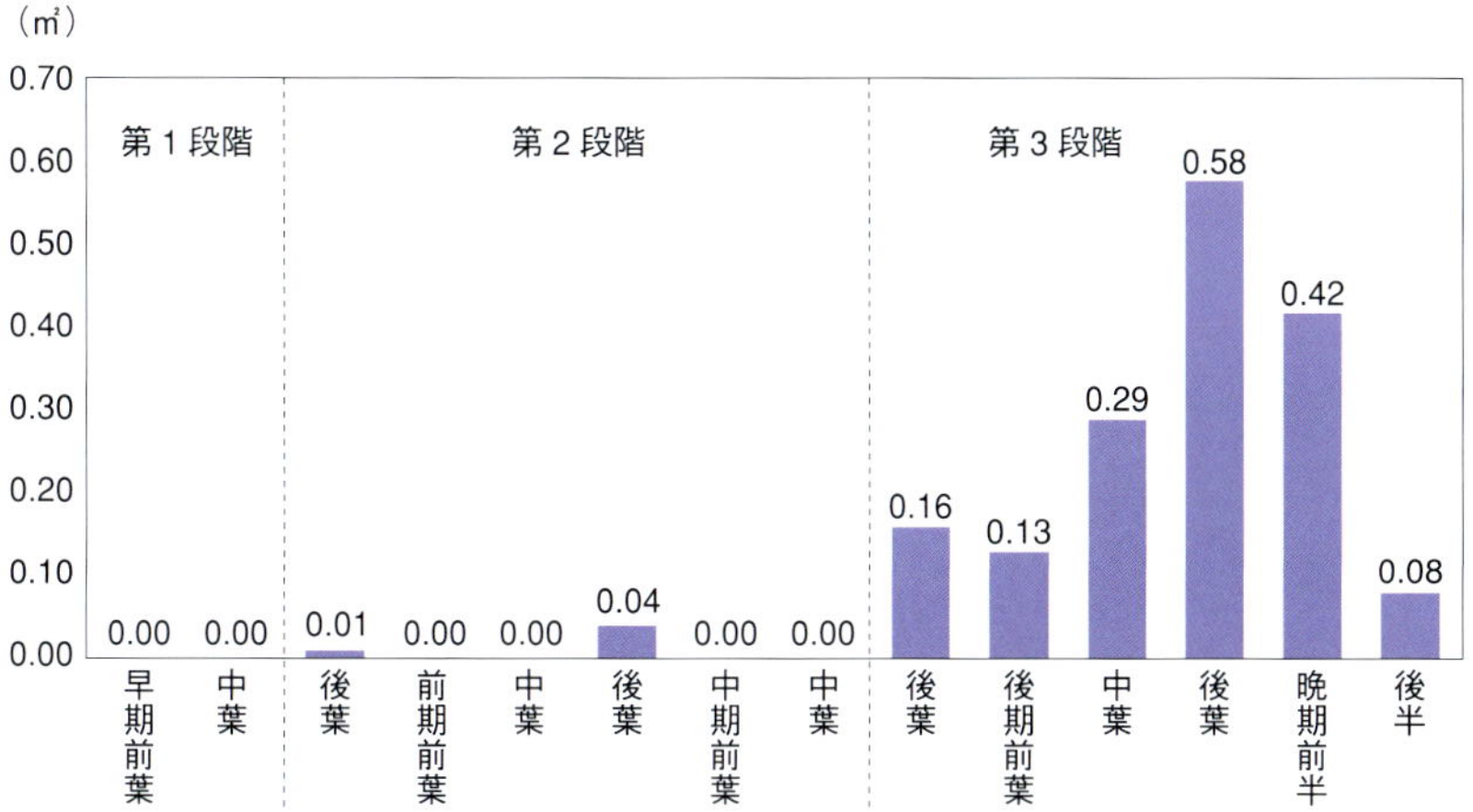


**図42 ● 関西地方における貯蔵穴容量の変化**
1遺跡当たりの貯蔵穴容量を算出し、推移を示したもの。第3段階になると、それ以前より2倍以上増加していることがわかる。

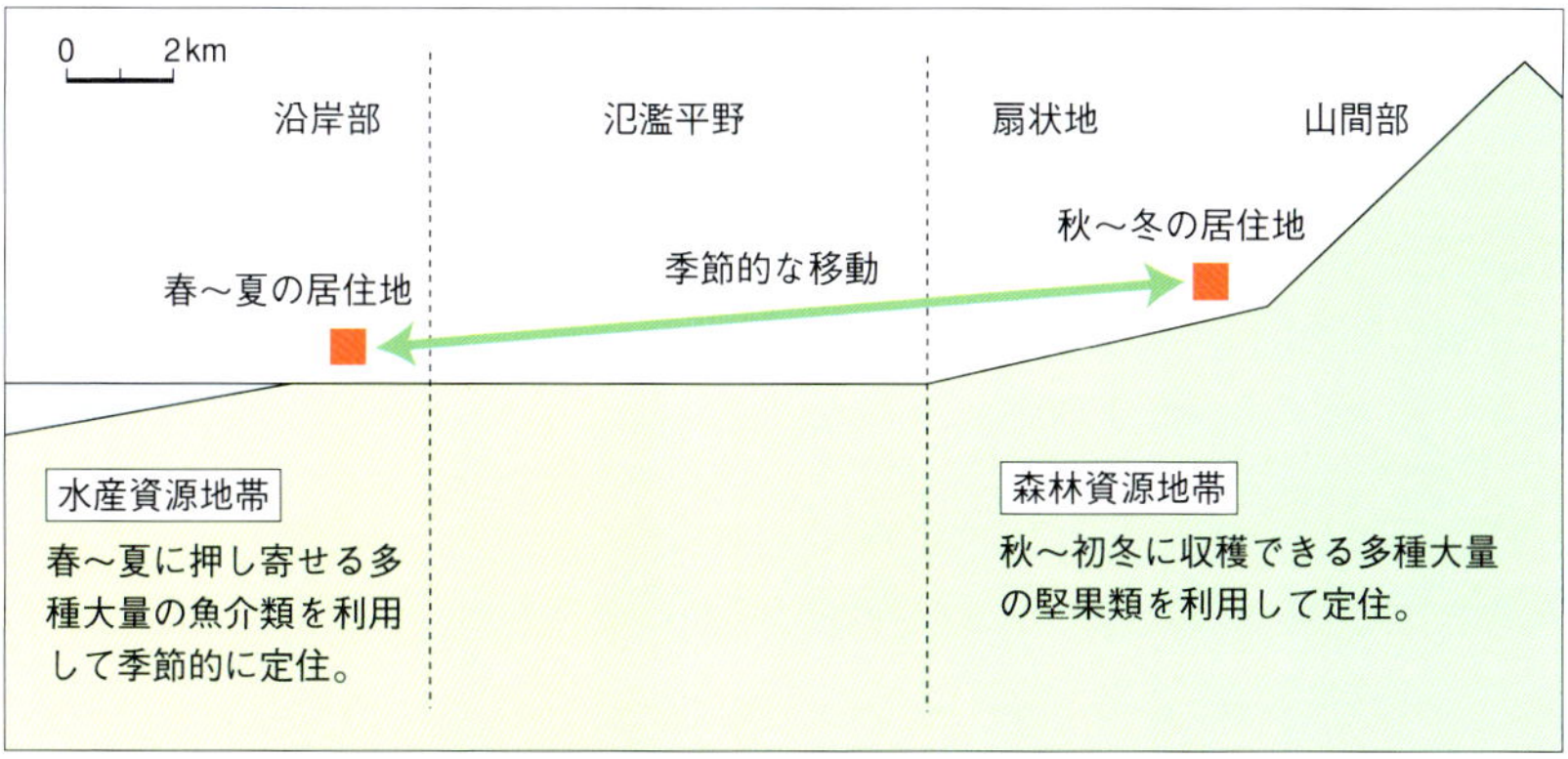


**図43 ● 第2段階の景観Bを利用する季節的定住**
第2段階には、回帰的に反復移動することで、食料資源量の季節的変化に対応し、景観Bでの定住を可能にした。

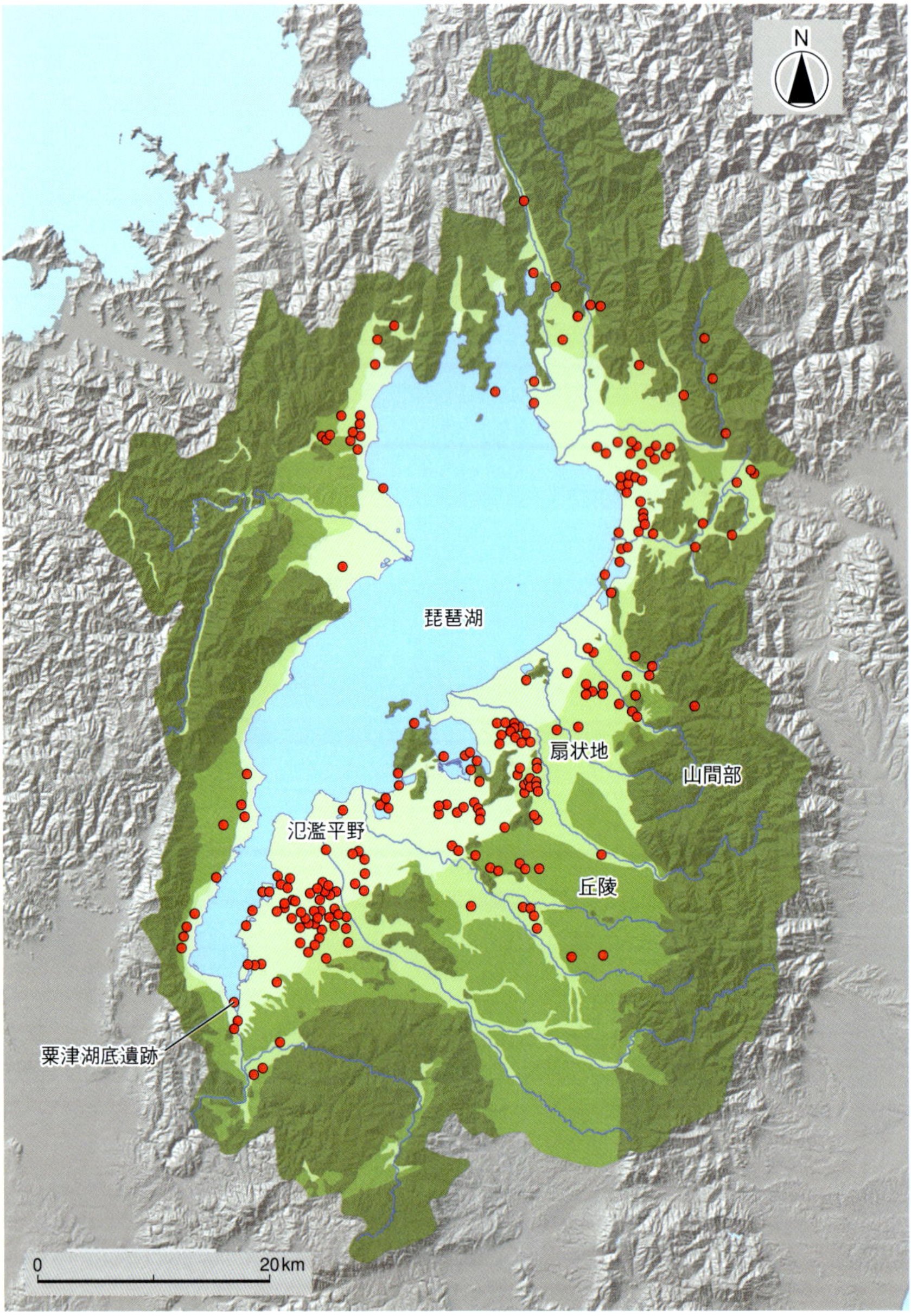


図44 ● 第3段階（縄文中期後葉〜晩期後半）の遺跡分布
景観Bに相当する内陸部の扇状地や氾濫平野で遺跡が急増した。
4000年前に生まれはじめた「ニュータウン」である。

きわめて少ないからだ（図42）。

考えられるもう一つの方法は、季節的に定住地を変えることだ（図43）。たとえば春〜夏は沿岸部で水産資源を利用して暮らし、魚たちが沖合や深場に戻ってしまった後の季節には、内陸の森林地帯へ本拠地を移し、木の実を利用して春を待つ。このような方法は、季節的定住（半定住）とよばれ、世界の狩猟採集民に関する人類学的調査でしばしば確認されている。

このような定住形態を考える場合、季節的に利用された遺跡の実在が鍵になるが、守山市の赤野井湾遺跡（縄文時代早期後葉）がその好例になるだろう（図41参照）。この遺跡は、森林地帯から遠く離れた沿岸部に立地する遺跡だが、粟津湖底遺跡と同様な方法で遺存体を分析した結果、通年的ではなく季節的に利用された遺跡だと結論づけられている。琵琶湖の縄文エコロジストたちは、この季節的な移動も併用し、定住できる適応地を拡大していったのである。

一方、四〇〇〇前にはじまる第三段階には、景観Ｂ、とくに内陸の森林資源地帯で遺跡数が急増した（図44）。このビッグバンを支えたのは、食料貯蔵の活用だ。木の実の貯蔵量の動向

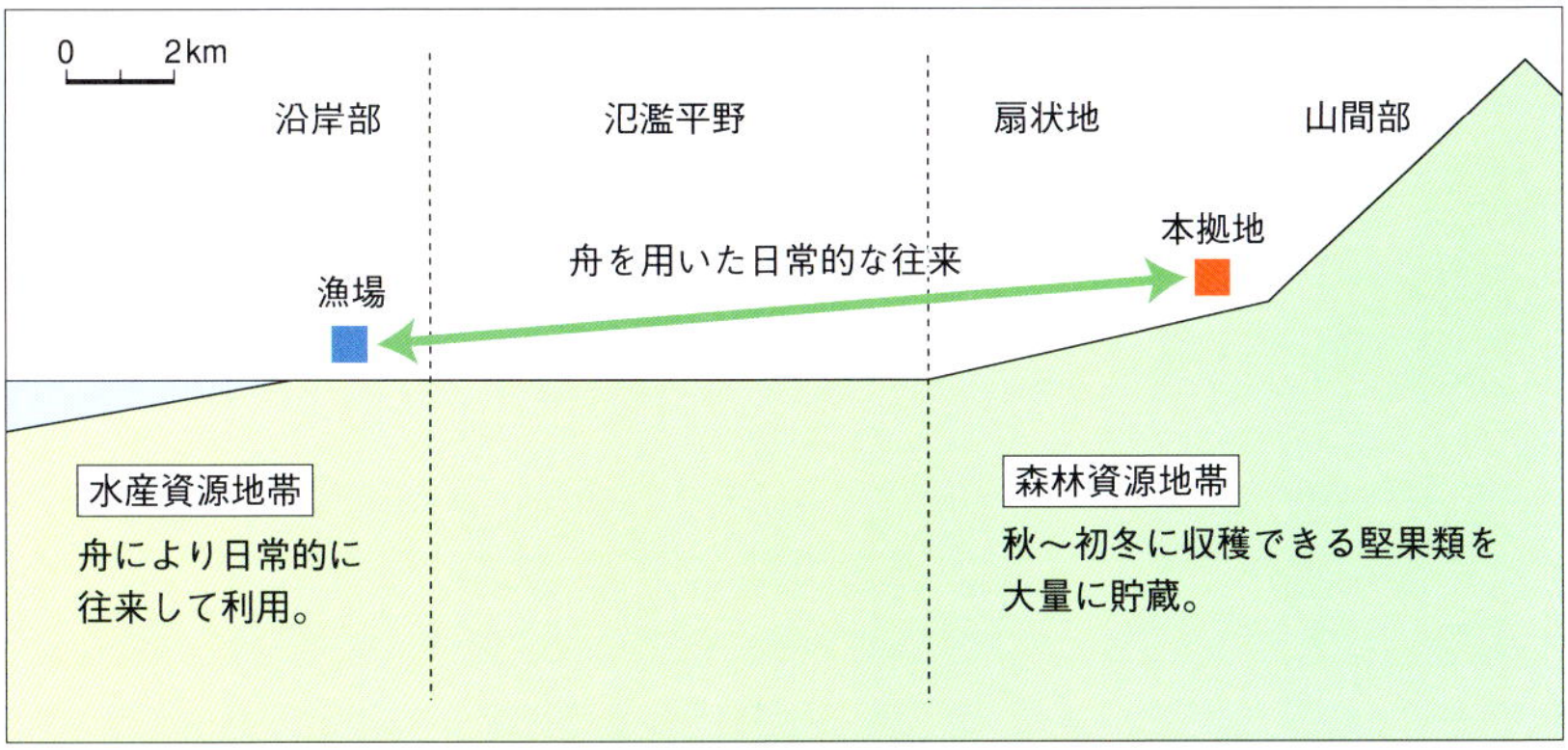


**図45 ● 第3段階の貯蔵穴と丸木舟を活用する通年定住**
貯蔵規模を拡大することと、舟により機動性を高めることで、食料資源量の季節的変化に対応し、景観Bでの通年的な定住を可能にした。その結果、内陸部に「ニュータウン」が形成され、遺跡数・人口が拡大した。

を遺構から推察すると、二倍以上に増加しており（図42参照）、秋〜冬の半年に限定されていた木の実の利用が、春〜夏にも拡大されたことを想定できる（図45）。実際、この段階の内陸部では貯蔵穴がよくみつかり、そこで通年的に定住していたことがわかる（図46）。

内陸部に定住した場合、水産資源の利用が課題となるが、これには二つの方法で対応したと考えられる。一つは内陸河川における漁労活動の開始である。前段階までの内陸部では漁労具が出土していなかったが、この段階になると大量に出土しはじめる。

いま一つは舟の活用だ。第三段階になると丸木舟の出土が突然増加する（図47）。乗り物は日常的な往来を効率的に補う。機動力を増すことで、内陸部にいながら沿岸部の水産資源を利用する環境を創出したのだ。また沖合へも航行できる舟なら、秋〜冬の漁労も可能となる。実際に釣針の出土もこの段階に顕在化しており、沖合や深場で漁労をする機会の増加がうかがえる。

**図46 ● 検出された縄文時代の貯蔵穴**
第3段階に相当する縄文後期後葉の貯蔵穴群（彦根市六反田遺跡）。第3段階は数だけでなく、貯蔵穴の大きさ自体も拡大する傾向にある。

このように、食料貯蔵と丸木舟の活用が内陸部森林地帯の居住地の開発を可能にし、四〇〇〇年前のビッグバンを支えたのである。

## 縄文人の開拓史からみた粟津湖底遺跡

文化を「適応するための仕組み」と定義するならば、右の第一段階や第二段階における定住の仕組みは、「景観を選択する」ことで定住を進めた文化だといえるかもしれない。季節的に変化していく食料資源を目の前にして、その自然の摂理を活かす形で彼らは定住を普遍化していった。

一方で、第三段階で加わった定住の仕組みは、「景観を創出する」ことで定住を進めた文化だといえるだろう。貯蔵施設や丸木舟を使って、季節的に変化してしまう食料資源とむきあい、利用できる期間と量を増やしたのである。自然の摂理を活かしつつ、より都合の良い形をつくり出すことで適応を進める文化だ。

以上をふまえ、琵琶湖縄文人の開拓史から粟津湖底遺跡を見直したとき、私たちは二つの点からこれを評価できるだろう。一つは、時代と文化を象徴している点だ。粟津湖底遺跡は、「景観を選択する」ことで定住を進めた人類の遺産の象徴である。いま一つは、縄文人の「食性」と

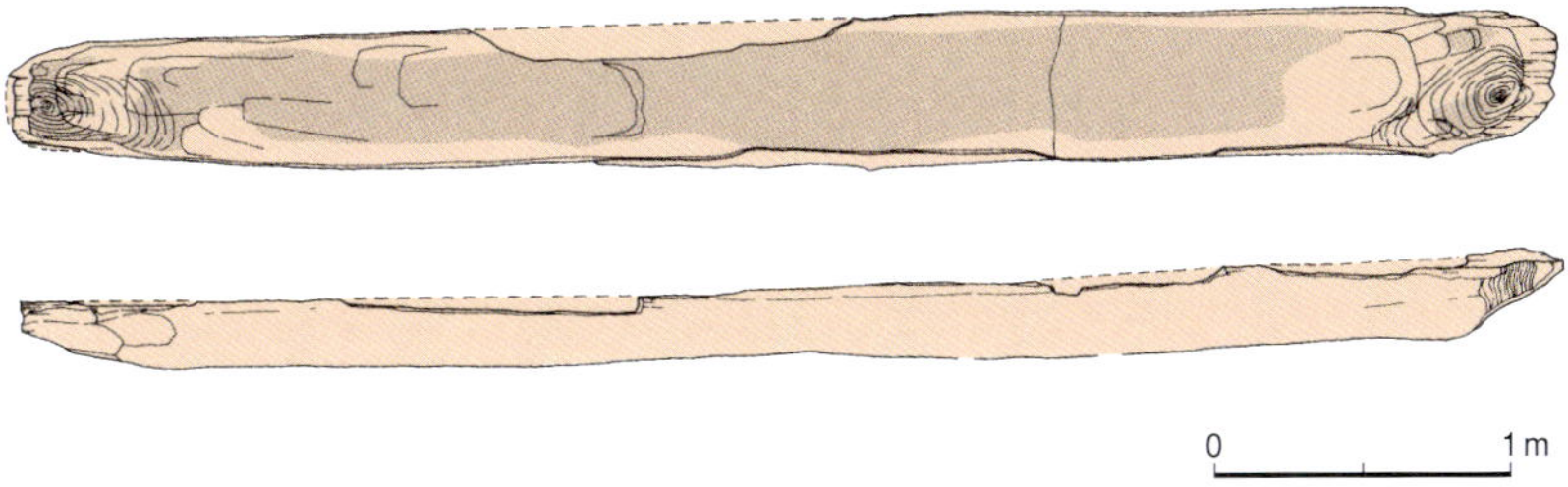


図47 ● 琵琶湖の縄文丸木舟
全国で約120艘が出土しているが、琵琶湖でその1/4に相当する30艘が出土した。第2段階までのものは2艘しかみつかっていないが、第3段階の発見例は28艘に急増する。

「季節性」に関して確かな情報を提供し、その開拓史を紐解く糸口を提供してくれた点である。

## 2　これからの粟津湖底遺跡

粟津湖底遺跡は、貝塚と低湿地遺跡の二つがセットになった至高のタイムカプセルだった。このなかには関西地方の縄文文化を記録したさまざまな品々が収められていた。

本書を執筆している二〇一五年は、奇しくもその本格的な発掘調査がはじまった一九九〇年からちょうど四半世紀後に相当するが、現状と今後の展望について最後に簡単に述べておこう。

一九九〇年代に、私たちが開封したタイムカプセルは、偶然発見された第三貝塚だけである。遺跡の現状としては、その大部分が水底にまだ眠っている。当時の潜水試掘調査によれば、衛星的な小規模貝塚が遺跡内に点在しているとされている。また、本体ともいうべき第一貝塚と第二貝塚は現地にほとんど手つかずのまま保存されている。いまのところ、遺跡に影響を及ぼすような琵琶湖の大規模な再開発は想定されていないので、工事で遺跡が壊されることなく、大事に保存されていくことだろう。

ただ、粟津湖底遺跡は水中にあるだけに、活用のためにはよりいっそうの工夫が必要だ。余程の渇水期でもなければ、現地に立つことはできない。私たちは、湖岸からその地の水面を眺めるのが精一杯だが、逆手にとって、このロケーションを活かしてみてもよいかもしれない。

中国湖南省洞庭湖《どうていこ》付近の名勝は瀟湘八景《しょうしょうはっけい》とよばれ、室町時代の日本でも、その風光明媚な景観がしばしば漢詩に詠まれた。その影響もあって、江戸初期には琵琶湖でも八つの名勝が選ばれた。近江八景である。粟津湖底遺跡周辺には、そのうちの四つの名勝、粟津の晴嵐《せいらん》、瀬田の夕照《せきしょう》、矢橋《やばせ》の帰帆《きはん》、石山の秋月《しゅうげつ》が集中している。この美しい景観と関連させながら市民に親しんでいただく入り口を模索すると、活用の道が開けやすいかもしれない。

また、粟津湖底遺跡の約二キロ南には、学史的にも有名な石山貝塚が存在している。これは縄文時代早期後葉を中心とする貝塚で、粟津湖底遺跡との関係のなかで形成された貝塚の一つだ。幸いにもこちらは陸上にあり、また多くの観光客に親しまれている名刹石山寺に隣接している。このような地の利を活かし、市民に親しまれる機会の創出が今後の課題だろう。

**図48 ● 東岸の瀬田の地から粟津湖底遺跡が眠る琵琶湖を望む**
右奥にみえるのは霊峰比叡山。この夕陽を眺めるたびに、
調査に全力を尽くした日々を思い出す。

## 参考文献


科学技術庁　一九八二『日本食品標準成分表』
小池裕子　一九八三「貝類分析」『縄文文化の研究二　生業』雄山閣出版
滋賀県教育委員会　一九七三『湖西線関係遺跡調査報告書』
滋賀県教育委員会・財団法人滋賀県文化財保護協会　一九九七『琵琶湖開発関連埋蔵文化財調査報告書一　粟津第三貝塚（粟津湖底遺跡Ⅰ）』
滋賀県教育委員会・財団法人滋賀県文化財保護協会　一九九八『琵琶湖開発関連埋蔵文化財調査報告書二　赤野井湾遺跡』
滋賀県教育委員会・公益財団法人滋賀県文化財保護協会　二〇一三『琵琶湖開発関連埋蔵文化財調査報告書一三　粟津第三貝塚二・自然流路二（粟津湖底遺跡Ⅴ）』
財団法人滋賀県文化財保護協会　二〇〇九『水中考古学の世界―びわこ湖底の遺跡を掘る―』
鈴木公雄　一九八八「漆を使いこなした縄文人」『古代史復元二　縄文人の生活と文化』講談社
鈴木公雄　一九八八「縄文時代論」『新版　日本考古学を学ぶ三』有斐閣
瀬口眞司　二〇〇一「適応地の拡大過程と地域的差異」『紀要』第一四号　財団法人滋賀県文化財保護協会
瀬口眞司　二〇〇三「縄文時代における貯蔵穴の数と容量の推移」『紀要』第一六号　財団法人滋賀県文化財保護協会
瀬口眞司　二〇〇九『縄文集落の考古学―西日本における定住集落の成立と展開―』昭和堂
瀬口眞司　二〇〇九「関西における漁撈具の動向」『九州における縄文時代の漁撈具』九州縄文研究会
瀬口眞司　二〇一四「旧石器時代・縄文時代の湖底・湖岸遺跡」『琵琶湖の湖底遺跡―調査成果総括編―』滋賀県教育委員会・公益財団法人滋賀県文化財保護協会
友田淑郎　一九七八『シリーズ日本の野生動物一〇　琵琶湖とナマズ』汐文社
新美倫子　一九九一「愛知県伊川津遺跡出土のニホンイノシシの年齢及び死亡時期査定について」『国立歴史民俗博物館研究報告』第二九集
西本豊弘　一九七八「オホーツク文化の生業について」『物質文化』三一
福井県教育委員会・県立若狭歴史民俗資料館　一九八七『鳥浜貝塚―一九八〇〜一九八五年度調査のまとめ―』
藤岡謙二郎　一九五五『先史地域及び都市域の研究―地理学における地域変遷史研究の立場―』柳原書店

文化庁　一九八〇『遺跡確認法の調査研究　昭和五五年度実施報告』
松江市教育委員会・（財）松江市教育文化振興事業団　二〇〇〇『夫手遺跡発掘調査報告書』
松山利夫　一九八二『木の実』法政大学出版局
渡辺　仁　一九九〇『縄文式階層化社会』六興出版
Shinji Seguchi 2014. Landscape 'Neolithization' Among the Hunter-Fisher-Gatherers of Lake Biwa, Central Japan. Journal of World Prehistory 12/; 27(3-4):225-245.

## 滋賀県立　安土城考古博物館

・滋賀県近江八幡市安土町下豊浦６６７８
・電話　０７４８（４６）２４２４
・開館　９：00～17：00まで（入館は16：30分まで）
・休館日　月曜（祝休日の場合は翌日）、12月28日～1月4日
・入館料　一般４５０円、高大学生３００円、小中学生無料
・交通　ＪＲ琵琶湖線「安土駅」より徒歩25分またはレンタサイクル10分。車で、名神高速道路竜王ＩＣまたは八日市ＩＣより30分もしくは蒲生ＳＩＣより25分

特別史跡安土城跡をはじめ、史跡観音寺城跡、史跡瓢箪山古墳、史跡大中の湖南遺跡で構成される「近江風土記の丘」の中心的な施設として、風土記の丘の各史跡を紹介するとともに、その時代の歴史や文化の理解を深めることをねらいとした博物館。弥生・古墳・中世城郭をメインテーマとするが、粟津湖底遺跡の報告書刊行作業をおこない、その出土品の一部を展示している。今後、粟津湖底遺跡や関連遺跡の展示も拡充していく予定。

安土城考古博物館

# 遺跡には感動がある

――シリーズ「遺跡を学ぶ」刊行にあたって――

「遺跡には感動がある」。これが本企画のキーワードです。

あらためていうまでもなく、専門の研究者にとっては遺跡の発掘こそ考古学の基礎をなす基本的な手段です。また、はじめて考古学を学ぶ若い学生や一般の人びとにとって「遺跡は教室」です。

日本考古学では、もうかなり長期間にわたって、発掘・発見ブームが続いています。そして、毎年厖大な数の発掘調査報告書が、主として開発のための事前発掘を担当する埋蔵文化財行政機関や地方自治体などによって刊行されています。そこには専門研究者でさえ完全には把握できないほどの情報や記録が満ちあふれています。しかし、その遺跡の発掘によってどんな学問的成果が得られたのか、その遺跡やそこから出た文化財が古い時代の歴史を知るためにいかなる意義をもつのかなどといった点を、莫大な記述・記録の中から読みとることははなはだ困難です。ましてや、考古学に関心をもつ一般の社会人にとっては、刊行部数が少なく、数があっても高価なその報告書を手にすることすら、ほとんど困難といってよい状況です。

いま日本考古学は過多ともいえる資料と情報量の中で、考古学とはどんな学問か、また遺跡の発掘から何を求め、何を明らかにすべきかといった「哲学」と「指針」が必要な時期にいたっていると認識します。

本企画は「遺跡には感動がある」をキーワードとして、発掘の原点から考古学の本質を問い続ける試みとして、日本考古学が存続する限り、永く継続すべき企画と決意しています。いまや、考古学にすべての人びとの感動を引きつけることが、日本考古学の存立基盤を固めるために、欠かせない努力目標の一つです。必ずや研究者のみならず、多くの市民の共感をいただけるものと信じて疑いません。

二〇〇四年一月

戸沢充則

## 著者紹介

瀬口眞司（せぐち・しんじ）

1968年埼玉県久喜市生まれ。

奈良大学文学部卒業。博士（文学）。

第15回尖石縄文文化賞受賞。

現在、公益財団法人滋賀県文化財保護協会安土分室長。

主な著作　『縄文集落の考古学―西日本における定住集落の成立と展開―』（昭和堂）、「関西縄文社会とその生業」『考古学研究』198号、「世界の中の縄文文化―国際化への布石―」『考古学研究』240号、「関西地方の縄文集落と縄文社会」『集落の変遷と地域性』（雄山閣）、「土偶とは何か―その謎を探る―」『縄文人の祈りと願い』（ナカニシヤ出版）ほか。


**写真提供（所蔵）**
滋賀県教育委員会：図1（下）・4・5・7～16・23・25～28・30・46
（公財）滋賀県文化財保護協会：図6（朝日新聞社撮影）・17～21・31・32

**図版出典（一部改変）**
図1（上）：国土地理院100万分の1日本図Ⅱ／図2：国土地理院50万分の1地方図5／図3：滋賀県教育委員会・財団法人滋賀県文化財保護協会1997／図39・41・44：中村大氏作成／図47：滋賀県教育委員会・財団法人滋賀県文化財保護協会2007『一般国道8号米原バイパス建設に伴う発掘調査報告書1　入江内湖遺跡Ⅰ』

上記以外は著者


シリーズ「遺跡を学ぶ」107
**琵琶湖に眠る縄文文化　粟津湖底遺跡《あわづこてい》**

2016年　3月15日　第1版第1刷発行

著　者＝瀬口眞司

発行者＝株式会社 新 泉 社
東京都文京区本郷2－5－12
TEL 03（3815）1662 ／ FAX 03（3815）1422
印刷／三秀舎　製本／榎本製本

ISBN978－4－7877－1537－1　C1021

シリーズ「遺跡を学ぶ」

**第1ステージ**（各1500円＋税）